阿德勒教育心理学

给予勇气的方法

〔日〕野田俊作 —— 著

黄少安 —— 译

化学工业出版社

·北京·

U0319618

YUKIZUKE NO HOUHOU by Shunsaku Noda

Copyright © 2017 Shunsaku Noda

All rights reserved.

Original Japanese edition published by SOGENSHIA, INC., publisher

Simplified Chinese translation copyright © 2022 by Chemical Industry Press

This Simplified Chinese edition published by arrangement with SOGENSHIA, INC., publisher, Osaka, through HonnoKizuna, Inc., Tokyo, and Beijing Kareka Consultation Center

本书中文简体字版由株式会社创元社授权化学工业出版社独家出版发行。

本版本仅限在中国内地（大陆）销售，不得销往其他国家或地区。

未经许可，不得以任何方式复制或抄袭本书的任何部分，违者必究。

北京市版权局著作权合同登记号：01-2022-3558

图书在版编目（CIP）数据

给予勇气的方法／（日）野田俊作著；黄少安译．—北京：化学工业出版社，2022.9

（阿德勒教育心理学）

ISBN 978-7-122-41732-9

Ⅰ.①给⋯　Ⅱ.①野⋯②黄⋯　Ⅲ.①儿童教育–家庭教育②儿童心理学　Ⅳ.①G782②B844.1

中国版本图书馆 CIP 数据核字（2022）第 106118 号

责任编辑：龙　婧
责任校对：边　涛
装帧设计：史利平

出版发行：化学工业出版社
　　　　　（北京市东城区青年湖南街13号　邮政编码100011）
印　　装：北京新华印刷有限公司
880mm×1230mm　1/32　印张5　字数91千字
2023 年 3 月北京第 1 版第 1 次印刷

购书咨询：010-64518888
售后服务：010-64518899
网　　址：http://www.cip.com.cn
凡购买本书，如有缺损质量问题，本社销售中心负责调换。

定　　价：49.80元　　　　　　　　　　版权所有　违者必究

给予勇气的方法

很高兴又将和大家一起阅读这本新的心理学著作。

这本书基本围绕"勇气"二字。说实话,这两个字从一开始就很吸引我。我一直希望成为一个勇敢的人。换句话说,就是有勇气面对任何事情的人。阅读本书之前,我理解的"勇气"是在面对困难和重大挑战时才需要的一种精神力量。在本书的翻译完成之际我才领悟到,原来生活中很多我们以为理所当然的小事同样需要勇气,或者说保持真善美、做一个"正常的好人"才更需要勇气。

因为查阅阿德勒心理学的相关理论,本书翻译花费了较长一段时间。如今回过头来看,它给了我很多不同的感受,甚至可以说是冲击。我时而会蹙眉表示不敢苟同,时而会瞪大双眼表示恍然大悟,更多时候则会轻轻点头表示确实如此。相信各位读者也会和我一样。我想这就是心理学的妙趣所在。当书中出现与我们原有常识不符的观点时,不要急于否定,不妨换个视角思考一下作者这样想是否有道理。我们并不需要摒弃自己原有的观点,但可以扩宽我们的思路,求同存异很重要。

不知道大家拿到这本书时以为它会是怎样的。在各位读者阅读之前，我有两个想法我想有必要跟大家分享。

一是这本书在日本的定位。它是从作者多场讲座中提炼出来的文字稿，而这些讲座是面向那些在育儿、婚姻关系方面有困扰的家庭主妇们的。所以有部分内容很明显是从一位母亲、一位妻子的角度去分析和阐述。那男性朋友能不能阅读？当然能。因为现在的中国社会已经不存在明显的男女分工，在家庭教育及婚姻关系的处理中男女都扮演着同样的角色，承担着同样的责任。那像译者我一样的未婚人士能否阅读？我想也能，而且同样会收获颇丰。当然，这其中偶尔也会涉及一些职场及日常生活中的心理学技巧等内容。

二是关于日本的家庭文化。刚刚提到，这本书在日本面向的读者对象主要是家庭主妇。虽然日本近年来有在不断提高女性就业率，强制企业等提升管理层中女性占比，鼓励女性独立，但从整个日本社会来看，日本家庭的构成仍旧以"男主外、女主内"的关系为主。女性结婚后，特别是在生育孩子后，大部分妻子会选择成为专职主妇，打理丈夫和孩子的饮食起居并承担起孩子家庭教育的责任。毋庸置疑，专职主妇同样责任重大。但这种情况放在中国，恐怕有读者会认为凭什么"女性一定就要主内"？当今中国社会，双双主外确实比较普遍，甚至"男主内、女主外"的情况也并不少见。关于这一点，希望读者可以意识到这只不过是日本长久以来形成的一种家庭文化，我们需要学习的是这本书中关于家庭关系的处理技巧。

这本书对我影响最大的应该是第 2 章——关于表达技巧的内容。

表达需要勇气。比如，日本人常常把"对不起""谢谢你"挂在嘴边，而我们，特别是在面对自己最亲近的人时反而很难将这类话说出口。想想看，你有多久没有跟妈妈说一句"谢谢"了，有多久没有跟恋人真诚地说一句"对不起"了。一次偶然的机会，一个朋友跟我说："你总是跟我说谢谢，搞得好像我们关系很疏远似的。"那一刹那，我有些震惊：为什么我说"谢谢"会让人觉得疏远？难道"谢谢""对不起"这些最真挚的情感表达能讲给疏远的陌生人听，而最亲近的人反倒不配得到我们一句真心的道谢与道歉吗？当我对你说"谢谢"时，不是因为客气，是因为你真的让我感到温暖；当我对你说"对不起"时，是因为我珍视与你的感情，不愿失去你。这样的表达，我想应该越来越多才对。

表达需要勇气。都说日本人很暧昧，总不把话说清楚，留给对方很多遐想的余地。中国人何尝不是呢？这一点在恋人当中尤为常见。我们总希望哪怕自己不说，对方也能知道自己在想什么。倘若他（她）不知道，那就是他（她）不够了解自己、不够在乎自己，然后生气、吵架，甚至分手。但其实想想，我们自己能做到了解另一半的全部想法吗？很难吧。我们又不是对方肚子里的蛔虫——恐怕蛔虫也不知道它寄居的主人脑子里在想什么。这本书告诉我们，大胆地去表达。自己不高兴了就是不高兴了。希望对方怎样做就说出来，不要总让对方去猜，也不要因为置气故意说反话。简单来说，就是不要矫情、不要作，这需要勇气。

这本书里还有很多有趣的观点，比如作者认为跟自己家的小猫咪说话，猫咪一定可以听懂。这个想法乍一听或许有些离谱，但你去试一试又何妨呢？猫咪听不懂就听不懂，万一它听懂了呢？书里还有一些老生常谈的观点，比如父母要和孩子做朋友，父母要舍得让孩子去冒险，"让孩子遭遇一些小小的危险，今后才能避免遭遇更大的危险"，等等。

我们要承认自己的不够勇敢，没有勇气跟父母说一句"我爱你"，没有勇气跟恋人说一句"对不起"，没有勇气跟孩子做"平等的朋友"，没有勇气承认自己的"没有勇气"……我们也要给予他人勇气，更需要时常给予自己勇气。你会发现，人生中的很多小美好都藏在那些勇气里。

序

　　本书是"阿德勒教育心理学"系列丛书中的《给予勇气的方法》，是《健康人格与人际关系》的延续，主要讲述了阿德勒心理学在日常生活中的应用，特别是在育儿方面的应用。阿德勒认为，如果能够通过家庭与学校的教育，培养出具有共同体感觉的孩子，那么世界将会光明灿烂。因此，本书所围绕的核心问题，与其说是"如何培养一个好孩子"，不如说是"如何创造一个光明灿烂的世界"。

　　近年来，有越来越多关于阿德勒心理学方面的书籍出版发行，不过，其中有不少似乎曲解了阿德勒心理学，比如"培养出符合父母期望的孩子的方法""随心所欲操控他人的方法"等。但事实并非如此，通过培养具有社会团体意识的孩子，来建造一个具有社会团体意识的社会，才是阿德勒心理学的真正目的。本书将会围绕这一目的，进行详细讲述。

　　本书内容第一次出版发行是在一九九一年❶，在那之后的很长一

————————

　　❶ 本书内容初次出现是 1991 年出版发行的《续阿德勒心理学研讨会》上（ANIMA 于 2001 年发行）。

段时间，都处于绝版的状态，很庆幸这次由创元社再次出版。再度编撰本书之际，我大幅度修改了一些表记方式和用词，但对文本的核心主干内容基本没有改动，另外在必要的地方通过脚注的方式进行了补充；行文时尽可能采用了浅显易懂的文体与表达方式，相信每一位读者都能够借此愉快地学习阿德勒心理学的实际运用。

野田俊作

Ways to
Give Courage

目 录

第1章

给予勇气的方法

何为给予勇气

　　"给予勇气"❶一词，或许听起来有些奇怪。因为它并不是常见的词语搭配，这里想要表达的意思是英文中的"encouragement（意为鼓舞、鼓励，使人鼓起勇气）"。

　　无论是大人还是孩子，想要健康、积极地生活，必不可少的要素就是"勇气"，或者也可以说是"元气""朝气"。孩子不愿去上学、出现不良行为、变得叛逆、不爱学习，大人的夫妻之间吵架、离婚、患上精神病、神经衰弱等，这些问题的产生，都可以说是因为失去了积极生活下去的勇气。

　　积极生活下去的勇气究竟从何而来？我们认为部分可以从外部环境获得，而部分则可以通过自己给自己加油打气的方式获得。这里想要讲的问题，主要是如何让我们自己身边的人拥有勇气。当然，在讲到这些的时候，必然也会顺带讲到如何让自己拥有勇气。

---

　　❶ 所谓健康地活着，关键在于要活得有"气魄"。虽然书中使用了"勇气"一词，但笔者认为阿德勒心理学其实是一门"关于气魄的心理学"。"气魄"一词在日语中带有粗犷的色彩，所以或许会遭到一些人的反感。

人在什么时候会勇气受挫？

良好的人际关系，往往说的是横向的关系。换句话说，就是能够互相给予对方勇气的关系。说到给予对方勇气，经常会有人说："啊，那就是夸奖对方吗？"其实不然，褒奖会挫伤人的勇气，当然，斥骂同样会使人勇气受挫。

那先从斥骂开始说。斥骂对方，一定会挫伤对方的勇气。为什么？因为被斥骂意味着自己的缺点被指出。没有人在被指出缺点时会开心，这样说没错吧？如果被指出的缺点是真实存在的，那就更让人不开心了。因为如果是对方搞错了，那说明自己还有救。

所以，被斥骂一定是件令人不悦的事情。自己不开心，更不可能令他人开心。内心不再有波澜，做事情也拿不出干劲儿，身上剩下的满是气馁。"深刻地反省惨不忍睹的自己"——这种反省，只会让自己失去积极生活下去的勇气而已。

再者，斥骂会让双方关系恶化，没有人会因为对方骂自己而和对方的关系越来越好。

前阵子，我去了一个与阿德勒相关的组织机构，去了之后发现墙上挂着一个不知从哪个寺庙那里得到的挂历。上面写着"父母之言，多年后才明白"。我想着怎么会有这样愚蠢的话，然后给改成了"父母之言，多年后才明白都是骗人的"。我父母的谎言，我后来也知道了许多。

我们总是装作一副完美的、没有任何缺点的样子，对着自己的孩子指手画脚。其实，我们早已被孩子们看穿，现在的孩子，可比我们那个时代的孩子聪明多了。父母隐藏起来的一面，也完全被孩子看在眼里。因此斥骂并没有效果，只会让亲子关系变得更糟糕而已。

当你想要拯救、帮助一个人的时候，和他关系不好是没法帮上忙的。成为他的敌人被他憎恨，这样的你如何去帮他呢？

父母和老师对斥骂都有误解。有些父母、老师总是先骂了再说，想着关系恶化了以后再想办法。这是绝对不行的，从一开始就要和孩子是朋友的关系。为什么一定要是朋友的关系？因为如果是朋友说的话，孩子或许还会听进去吧。自己讨厌之人说的话，就算是正确的也很讨厌，甚至越正确越不听。成为对方讨厌的人，便失去了鼓舞对方的资格和让对方鼓起勇气的力量。所以，如果想要鼓舞对方，首先必须成为对方的伙伴。

天气好的时候，和朋友待在一起，任何人都可以做到。但天气不好的时候，不能同担风雨，就算不上真正的朋友。朋友如此，夫妻也是如此。在一流公司上班的丈夫突然被辞退，没了收入来源，妻子立马就要回娘家，这说明妻子从一开始就没有真的爱着丈夫。与其说她是同这个男人结婚，倒不如说她是跟这个公司结了婚。这种困难时期，如果不能陪在对方身边和他一起度过，那就称不上

是夫妻。

亲子关系同样如此。当孩子出现不良行为、不去上学等问题时，才正是需要父母和孩子站在一起思考、成为孩子的朋友、不去斥骂而是去鼓励孩子的时候。若不是如此，也便称不上是父子或者母子。

✊ 家庭中勇气挫败的问题结构

无论出现问题的是孩子还是大人，在任何场合下，都是因为失去了"作为普通人存在的勇气"，他们通常认为自己是特别的存在。如果做不到特别好的话，那就干脆做得特别坏。如果家庭中出现了这样的人，那是因为家庭的结构、家人们的行动准则已经形成了一种会挫败勇气的系统。公司和其他团体亦是如此，一旦形成了这种挫败勇气的结构，大家便都不再去给予他人勇气。

有一个人出现问题，其实整个团体已经处在病态中了。只有出现问题的那个人独自拼命地想要解决问题也往往无济于事。就好像一个人肝脏出现问题，患上黄疸病导致皮肤发黄，无论怎么拼命努力治疗黄皮肤也没用，要解决根本的肝脏问题才行。但想要治好肝脏问题，只喝药还不奏效，要改变整个生活习惯。

某一个脏器出现问题，整个身体的平衡就会遭到破坏。同样，一个团体中某一部分出现问题，那么整个团体的平衡就会崩塌。这种平衡的破坏一定程度上就是所谓的勇气挫败，勇气挫败这颗毒瘤便存在于一些团体或家庭中。

虚心、坦率地反省一下自己一直以来的行为，自己是在给予对方勇气还是在挫败对方的勇气？试想若是自己被对方说了同样的话，自己是会鼓起勇气，还是会丧气至极？

八九成的人都在释放着挫败他人勇气的信息。尽管这不是说话人的本意，说话人也是认真地想要为对方加油鼓气，可说出的话让人听起来十分讨厌。

我们首先要学会从身边的小事出发给予家人勇气。斥骂当然不可取，但表扬也不是个好办法。当孩子在学校取得了好成绩回家时，很多父母会说："哇，真厉害，你努力了呢！"这种表扬是不行的。因为父母并没有判断孩子是厉害还是不厉害的权利。一旦父母用上了这种权利，那么和孩子的关系就不再是横向关系而是纵向关系了。

试想一下，假设妻子做了一顿饭，丈夫回到家后说："哇，真厉害，你努力了呢！你看你，努力了也能做好嘛！"妻子听完会有何感受？对在学校考了好成绩回家的孩子说："真厉害，你看你，努力还是能行的嘛！"孩子听完也会有同样的感受，那便是勇气受挫。所以，表扬也不可取。

认为表扬的方法不可取的只有阿德勒心理学。反对斥骂方式的

心理学家有很多，他们都说要多表扬。其实不然，表扬是建立在一种纵向关系上的。

👆 非表扬方式的给予勇气

表扬与给予勇气，它们之间有极其微妙的差别。

今天是丈夫的生日，妻子亲手做了一桌菜等丈夫回来。好，现在丈夫回来了。请问，丈夫这时该说些什么才会令妻子开心呢？"哇，你真棒，很努力了呢"，肯定不行，沉默也不行。但如果说"真好吃"，也许会让妻子开心，或者说"谢谢老婆""我很开心"这样的话也会让妻子受到鼓舞，妻子会暗自下决心："太棒了，今后我还要为丈夫做更多好吃的饭菜。"

为什么"谢谢""我很开心"可以给予对方勇气，而"你很棒""你努力了"这样的话语却不行呢？因为"你很棒"是"以'你'为主语的表达"，"你好或者不好"都是"我"在进行判断。而"我很开心""谢谢你"则是"以'我'为主语的表达"，是在向对方传递自己的感受。评判对方的好坏，会挫败对方的勇气。

我能够评判你，那一定是因为我比你厉害。因为打分的人一定比被打分的人厉害，这里就是一种纵向关系。

要想解除这种纵向关系，去鼓舞对方的话，就先找机会从说

"谢谢你""我很开心"开始做起吧。但是，如果是在发生特殊事件的场合下，这些话并不会起到给予勇气的作用。因为这依然会让听话人觉得，如果我不是一个特别的人的话，同样不会被对方接受。

所以，如果当丈夫下班回来带了点心，妻子说"啊，我好开心啊，谢谢你"，这会让丈夫觉得如果自己不带点心回家，就不受欢迎了。同样，如果父母只在孩子考了好成绩的时候说"嗯，爸妈很开心"，这样孩子便会觉得"只有考了好成绩的时候父母才喜欢我，考差了是不会喜欢我的"。于是当某次考试成绩不理想时，他们就容易产生轻生的想法。所以，同样的话在不同的场合未必一定能起到给予勇气的作用。

因此，不要只关注这些特殊的事情，把目光放到最平常的、理所当然的、每天都会发生的事情上。

比如，当孩子早上按时起床了，觉得孩子很棒，想鼓励孩子，就跟孩子说一声"你很棒，妈妈（爸爸）很开心"。当孩子起晚了，也要跟孩子说"你很棒，妈妈（爸爸）很开心"。因为孩子还健康地活着本就是一件值得感激的事情。再者孩子能够自己一个人起床，也是件了不起的事情，哪怕会迟到，孩子也学会了自己起床，不需要父母的帮助。孩子在家吃了早餐，要觉得开心和感激，因为孩子很珍惜父母辛辛苦苦做的早饭。如果孩子不在家里吃早餐，也同样值得开心，因为父母不用早起辛苦做饭了。如果孩子一放学就

赶紧回家，这非常值得高兴，因为这个家对于孩子来说是一个幸福的地方。如果回家晚了，也值得高兴，因为这段时间父母可以做很多自己想做的事情，孩子在外面也能玩得开心。这样想的话，孩子怎么做一家人都很开心。

给予勇气的方式数不胜数

孩子也好、配偶也好，对方做的事情只要不破坏整个家庭或者使自己直接受到伤害，都可以算是好的事情。放一把火把家烧了，肯定不会让人开心；把家里的钱拿出去在外面浪费光，肯定不会让人开心；孩子殴打父母，肯定也不会让人开心。这样的事情，就无须给予对方勇气。

但有些父母偏偏在这些事情上给予孩子勇气。当孩子偷了家里的钱出去，父母通常会说孩子："你这家伙，干什么呢？！"而当孩子不这样做的时候，父母反倒不怎么和孩子说话了。如此一来，孩子就会逐渐认为：我拿了家里的钱，妈妈就会和我说话。于是，这就成了父母"鼓励"孩子的一种方式。

发现孩子做了不好的、具有破坏性的事情时，尽可能不要一反常态地斥责孩子，稍稍说一句就好。因为一旦斥责起来，怒火中烧，就会因为一时冲动说出很多不该说的话，毕竟父母总是擅长建立纵向关系。此时父母会想要证明"你是错的而我是对的",然后亲子关系越来越恶化。

这种时候,尽量不要过分关注、训斥孩子,最低限度地说两句即可。"还好只是拿了一百块出去,没拿一万块已经是万幸了。"同时,父母该从这件事中意识到,必须要通过更多普通的小事和孩子建立联系。

孩子将家里的钱偷出去,说明孩子已经失去了作为一个普通孩子生存的勇气。孩子坚信,只有当自己做了坏事,父母才会关心自己,而现实也总是如此。

那些做了坏事的人,往往并不是没有道德观念。他们知道这样做是错的,却还是要故意去做。所以你告诉他们"你这样做不对"也没用。就算对抽烟的中学生说"喂,你不能抽烟啊",也绝不会有孩子回答说:"啊,对不起,我不知道不能抽烟,那我不抽了。"他们知道不能抽却还是抽了,甚至正是因为知道不能才去抽的。他们知道只有这样做,周围的人才会关注自己。

比起外界对自己的关注度是零,产生一些负面影响反倒更好。所以说,能够在一些普通的事情上鼓励他人的公司、家庭通常不会出现问题。

🤜 "谢谢"是基本用语

不要总想着"我家丈夫（妻子）完全不会鼓励我，孩子也是"。不要总是先想着得到。

日本文化是一种极度不擅长鼓励他人的文化。"你这么早回家，我好开心呀。"通常日本人不会这样说。但在英文中却是谁都会说的，就连中学生也会说"见到你我很开心（I am glad to see you）"。

在其他语言中，至少是欧洲语言中，人们会习以为常地说"谢谢你为我做……""你为我做……我很开心"。在日语中却不这么说。"有你这样的儿子，做父亲的真是很自豪啊。"这话听起来总让人觉得矫情，但用英语说起来就很平常。

如上所述，日本文化是一种不擅长鼓励他人的文化，大家都不知道给予他人勇气这件事情。所以，首先只能从意识到这个问题的人自身开始做起，再慢慢推广开来。

请务必试着开口说"啊，谢谢你今天也吃完了我做的饭"，其他人听到也会这样说。特别是父母说的话，孩子立刻就会模仿。有些家长会跟我说："哎呀，我家孩子说话特别粗鲁，这可怎么办呢？"那么，这位家长，请回忆一下自己对孩子说话是否粗鲁呢？往往是特别粗鲁的，哪怕日常生活中不这样，但在训斥孩子时是这样的。

言语粗鲁其实并不是什么大问题。既知道粗鲁的语言，又懂得礼貌的说话方式，能够选择任意一种在适宜的场合使用才是最好的。

可怕的是孩子只知道粗鲁的言语。如果发现孩子言语粗鲁，那么父母在与孩子说话时用更礼貌的方式即可。如此一来，孩子也会学习父母礼貌的说话方式。但是，如果想着要改掉孩子说话粗鲁的毛病而去教育孩子，把焦点都放在该怎么说话上，就会浪费不少口舌。

俗话说，杂草越拔越多。有这个时间，不妨种一些绿植，借助好物的力量去消除坏的东西。

在一天的生活中，我们有无数个机会去鼓舞他人。只要我们细心、敏锐地去发掘，就一定能找到。

残障儿童的鼓舞方法

有时候，表扬或者奖赏某些东西并不能成为给予勇气的手段。我们来看一个例子。

这件事发生在一个有智力障碍的孩子身上。虽然孩子已经到了初中生的年纪，但由于严重的智力障碍，生活尚不能自理，也就是说他无法自己穿衣服、自己吃饭，甚至连自己上厕所都做不太好。

父母也曾把孩子送到过保育机构，机构为孩子确立了一个生活能够自理的目标来开展治疗教育。但孩子基本上不会语言上的沟通，没办法，只能奖励孩子点心，具体来说就是"小饼干"，用奖励孩子的方式来进行教育。

保育员在孩子面前演示系衣服的扣子，如果孩子模仿这个动作自己系好了扣子，那就给孩子一块小饼干。解扣子也是如此，如果孩子模仿保育员解扣子的动作自己解开了扣子，就奖励孩子一块小饼干。这样循环往复三个月后，孩子大体上确实能够自己穿衣服、脱衣服了。但是，仍留有一个大的问题，那就是当奖励小饼干的保育员不在场时，他仍不会去做这件事。

就在那时，那名保育员来找我咨询。我思考了一下，究竟是为何要利用这块小饼干呢？换句话说，其实是我们认为当孩子能够独立完成穿衣、脱衣、吃饭等事情时，孩子会感到开心。那么我认为最重要的，是大人能够去跟孩子分享这份快乐，去跟孩子说："真棒，妈妈（爸爸）太开心了。"

智力正常的孩子，只需要父母稍稍微笑，就能够明白"啊，爸爸妈妈开心了"，然后自己心情也非常愉快。智力稍微低下的孩子，只要父母明确地向孩子表达"能够做好真的太棒了，爸爸妈妈也很开心"，孩子也能理解。如果是智力再稍稍低下的孩子，通过陪孩子玩耍一段时间来表达父母的喜悦，孩子最后也能够理解。

但像前文中提到的孩子，确实是不使用那块小饼干，他可能就无法体会到大人的喜悦。可是我又想，仅仅只是奖励一块小饼干，孩子真的就能明白"自己是开心的、对方是开心的、对方在和自己分享这份开心"这件事吗？

要想让孩子明白这件事儿，到底该怎么做才好呢？现在我们已知孩子在吃小饼干的时候一定是开心的。那么，当我们也吃那块饼干时，孩子是不是就会意识到"啊，这个人现在也一定很开心"。

于是，我跟保育员说："你们能够稍微改变一下方案吗？不要像现在这样只是给孩子一块饼干，在孩子面前把饼干分成两份，一份你自己吃掉，一份给孩子，然后一边说'真好，你做到了，我真开心'，一边和孩子进行一些身体接触。"按照这样的方式仅实施了三周，这个孩子就能够在哪怕没人在场的情况下自理一些事情了。这就是表扬和鼓励最根本的区别。

给予勇气的技巧

给予勇气的技巧具体来说有哪些？这里对给予勇气的方法进行一个整理和说明。

① 注重对方所做的贡献

首先回想一下，我们在表扬、赞赏他人时，是不是总容易从对方的能力或事情的成败出发去夸奖对方，比如"你真的很有能力，做得很好""你真棒，完成得很好"等。但其实不应该这样，我们应该从"对团体的贡献"出发，比如说"真是多亏了你，帮了咱们组一个大忙"，或者从"对自己的协助"出发，比如说"因为有你帮我，才解决了这么大一个问题呀"等。

以贡献或协助他人为目的的行为是恰当的行为，而以获得赞赏或胜利为目的的行为则是不恰当的行为。因此，将目光放到"贡献或协助"上并将自己的赞扬传达给对方，对方自然也会坚持采取恰当的行为。

② 重视过程

表扬他人时，我们总是注重结果。比如，孩子在学校考试中取得了好成绩，父母会夸赞孩子："你很努力呀，我们有你这样优秀的孩子真的很满意。"但这种表扬方式是否无视了孩子取得这个考试结果的过程，或者说方法？孩子或许会认为："只要我能拿到好成绩，不管用什么方法都行。"并且当孩子因为某些原因恰巧考试成绩不理想的时候，勇气就会大大地挫伤。

因此，希望大家在鼓舞他人时，不要只注重结果，而要注重方法和过程。比起夸孩子成绩考得好，不如夸孩子"爸妈看到你很努力了"。就算当孩子考得不好时，也希望父母不要说"你考了个什么破成绩？"而是说"爸妈知道你很努力了，这次没考好有些遗憾"。如此一来，孩子就会逐渐懂得"无论结果如何，努力的过程很重要"。

③ 对成果挑三拣四

很多人在想要鼓励他人时，最后总会对未达成的部分或尚且不足的部分进行指责，这是极为不讨好的。

比如，孩子完成了一幅画，父母非要指出其中画得最不好的部分，说："这画呀，整体来说还是挺好的，就是这一块不行。"孩子听了会怎么样？基本上孩子的积极性都会被打消。我们应该多指出孩子完成得很好的部分，表扬孩子："嗯，这个部分完成得很好呀""和上次比起来，进步太多了"。

④ 接纳失败

表扬和赞赏这一行为，通常发生在别人取得成功或者事情做得很好时，而在对方事情进展不顺利时，却容易什么都不做甚至斥骂对方。我认为，对方的失败和做得不好的地方我们也应该接纳。并且即使失败，我们还是要鼓励对方。接纳失败的勇气，在一个健全的人格中极为重要。

人无完人，我们总是不完美的。无论我们怎样努力、做怎样精密的计划，有时还是会失败。虽然知道可能会失败，但从一开始就自暴自弃的态度是相当不好的。我们必须培养出一种心态，哪怕知道有可能会失败，我们也要尽自己最大的努力做到最好。

因此，不要指责对方的失败，而应从失败中找出各种积极的因素。比起埋怨对方"失败了就什么都干不成了""究竟为什么会失败啊"，不妨换个积极的话术"你已经很努力了呀，这次有点遗憾，下次一定没问题的"等。

⑤ 重视成长

我们在奖赏、表扬他人时，很多时候都是以将对方和其他人进行比较为前提的，更多的时候是表扬对方胜过他人的地方。

但阿德勒心理学认为，胜负、竞争的概念在我们社会生活中是极为有害的，所以我们不要太注重胜负、竞争的部分，而是去关注自身的成长，关注和过去的自己比，自己究竟成长了多少。不要再跟孩子说："你和某某比起来，你要强多了""你连某某家孩子都比不上可怎么办啊"，希望父母都能学会对孩子说："和之前比，不是进步了很多吗？"即使失败了，也可以告诉孩子"偶尔失败是很正常的，以后的路还长着呢"。

⑥ 将评判权交给对方

此外，我们在褒奖他人时，通常是己方在判断对方的好坏，并强加于对方身上，或者说以自己的主观意见为根据来决定是批评还是表扬对方。这种做法是不是过于独断呢？

尽可能地让对方去评判，比如不要说"哎呀，你这样做不行，你应该这样""啊，你这么做的话，最多给你六十分"，而是说"你自己觉得最满意的部分是哪里呀？你觉得还有哪里能改进得更好呢？按照你觉得最好的方法去做就好了"，尽可能地让对方发挥主体性。

⑦ 使用肯定的表达

还有一些人，明明是想要鼓舞对方，却常常使用一些具有否定意味的表达，给对方带去负面的情感，这同样是不太好的表达方式。希望大家尽可能地使用肯定的表达方式，去肯定对方的长处、擅长的事情、成功的事情等。

比如，对孩子说"你太胆小了，做事要大胆一些知道吗？""别

动不动就哭哭啼啼的，不许哭了，听到了吗！"这些话语都不能鼓舞孩子。

同样是面对胆小的孩子，或许我们可以换一种说法："你不是胆小，而是做事比较谨慎罢了。所以呀，按照你舒服的方式去做就好了。"

⑧ 使用"以'我'为主语的表达"

在有些场合，比起说"你这样做不好""你这个想法错了"，换个方式说"我这样想""我这样觉得"效果更好。这种说法叫作"以'我'为主语的表达"。这种表达在日语中有时会比较难以启齿，所以不必把这个方式当作教条来奉行，灵活采用即可，但有时确实非常方便好用。

例如，比起说"你这个做得太棒了，嗯，你的方法真好"，倒不如说"我喜欢你做这件事的方式""我特别中意你做的东西呢"。相反，比起说"你不要那么做了，方法一点都不好"，不妨说"我可能不太喜欢你的那个方法"等。

⑨ 使用"建议语言"

在我们把只不过是自己主观意见或建议当作一种事实发表时，经常会挫败对方的勇气。不妨在发表意见或建议的东西时，强调一下"啊，这只不过是我个人的一点小建议"。我将这一表达称之为

"建议语言"。

至于判断到底是对的还是错的，这只不过是我的一点小意见。但如果直接说"那样不对""那是对的"，就仿佛那就是事实，自己在表达一个绝对的判断。在我们表达"嗯，我觉得你那么做是对的""我可能不太赞成你这种说法"前，可以先明确提出来，接下来要说的只不过是我个人的主观判断，以免被人误解。这样的表达有时也能成为鼓舞他人的力量。

给予勇气（Encouragement）

给予勇气的表达	打消勇气的表达
注重贡献和协助 多亏了你，真是帮了我大忙。 因为你开心，所以我也感到开心。	**注重胜败和能力** 你真的很有能力呀。 真厉害，做得很好。
重视过程 你很努力了。 虽然这次失败了，但我知道你尽力了。	**重视结果** 成绩不错，我很满意。 不管你多努力了，这结果就是不行呀。
指出已经达成的成果 我觉得这个部分特别不错。 我觉得你进步很大。	**指出尚未达成的部分** 整体来说还不错，但这一块不行。 这里再下一点功夫就更好了。
接纳失败 这次有点可惜，你已经很努力了。 下次我们该怎么做呢？	**只称赞成功** 失败了就什么事儿都成不了。 你到底为什么失败啊？

给予勇气的表达	打消勇气的表达
重视个人的成长 比起之前进步太多了呢。 偶尔退步一次又有什么关系呢？	**重视与人比较** 比起那个人你强多了。 连那个人都赢不了，你说说你有什么用？
将评判权交给对方 你觉得怎么做才好呢？ 你按你觉得最好的方法做就行了。	**己方判断善恶好坏** 你那样做不行，你该这样做。 这里做得还好，那里做得不行。
使用肯定的表达 你不是胆小，只是做事谨慎罢了。 你有在谦虚地反省呢。	**使用否定的表达** 你太胆小了，做事儿大胆一点。 不要动不动就哭哭啼啼的！
使用"以'我'为主语的表达" 我喜欢你的那个方法。 我希望你不要用那个方法了。	**使用"以'你'为主语的表达"** 你那个方法挺好的。 你不要那么做了。
使用"建议语言" 我觉得你是对的。 我可能不太赞成你的意见。	**使用"事实语言"** 你是对的。 你的意见错了。
感谢并共鸣 谢谢你帮助我。 看你干劲满满的，我也很开心。	**用赞赏或斥骂的方式激励** 做得很好，很厉害呢。 你还需要更加努力啊！

失去勇气最具破坏性

阿尔弗雷德·阿德勒 ❶ 认为"一个人的全部问题以及他所有不恰当的行为的根本原因，就是失去了勇气"。

人们都会给未来设定一个目标。在一般的心理学中，认为是过去的一些因素在决定一个人现在的行为。但阿德勒心理学却并不这样认为，阿德勒心理学认为人们都是朝着心中的目标在前进，因此是未来的目标决定了现在的行为。

或者换一种说法，阿德勒心理学认为，不是本能或欲望在一个人背后推动他做出某种行为，而是我们对未来设定的目标，依靠自己的能力，一边做出分析决断一边前行。

那么，为了达成目标，有各种各样的路径。同一个目标，比如想要受人尊重或者被人喜欢，也会有各种不同的实现方式。就如同登山一样，山顶只有一个，登山路线却有好几种。这些路径中，有些是被社会认可的，有些则是反社会的。

---

❶ 阿尔弗雷德·阿德勒（Alfred Adler，1870 年 2 月 7 日—1937 年 5 月 28 日），奥地利犹太人，精神病学家、精神科医生。曾与弗洛伊德共同研究神经症问题，后分道扬镳创立了被称作"个体心理学"的阿德勒相关心理学学派。主要著作有《自卑与超越》《人性的研究》《个体心理学的理论与实践》《自卑与生活》等。

比如，想要拥有权力的少年，长大后若成了政治家、警察，那么可以说他是以积极的方式实现了他想要拥有权力的目标。但若是成了暴力团伙的一员，那他便是以具有破坏性的、反社会的方式实现了拥有权力这个相同的目标。

那么，人们在什么情况下会以具有破坏性的、反社会的方式去实现目标呢？答案便是当失去勇气的时候。

想要积极地、符合社会要求地去追求目标，需要大量的勇气。花里胡哨地想要引人注目的做法不需要太多的勇气，但朴实地、需要扎扎实实努力的生存方法却需要很多勇气。勇气受挫的人，已经无法再走那条需要踏踏实实努力才能通过的路了，所以他们会选择弱者才走的近道。反社会性质的做法，是达成那一目标的捷径。但遗憾的是，走这条捷径是一种不负责任的行为，也是一种懦弱的表现。

我们为什么要鼓舞孩子的勇气，因为我们希望他们能够在实现自己目标的道路上，以最积极的方式前行。❶

所谓给予勇气，有时是以表扬的方式去教育，有时则是以责骂的方式去激励。它们都是教育的方式。

---

❶ "一个人，只有当他的存在对人类共同体有价值时，才能以满足的心态去解决人生的各种问题，同时自我也能获得满足感。"（阿德勒）

给予自己勇气

首先希望大家记住，和给予别人勇气一样，想要不断地给予自己勇气，前提条件是接纳自己，这是极为重要的一个因素。

当一个人拥有了自己给予自己勇气的能力，渐渐地就不再那么需要别人给予自己勇气了。只有能够充分给予自己勇气的人，才是实现了真正意义上独立的人，才能够真正意义上地通过自己的双脚走出属于自己的人生。

并且，**只有自主独立、不需要依赖他人的人，才能够与他人建立起真正意义上的人际关系，即不是依赖或支配对方，而是既能够自立，又能够相互通力合作的人际关系。**或者说，只有能够充分给予自己勇气的人，才能建立起横向的人际关系，而不是纵向的人际关系。

当一个人一旦掌握了自己给予自己勇气的技能，就不再需要从周围人那里获得勇气。会逐渐觉得需要别人鼓励自己、希望别人对自己说些好话的强烈愿望竟显得有些幼稚。

当我们非常疲惫、遇到烦心事时，才正是我们直面自己、学会积极思考的好时机。我们会发现，就算和朋友吵架了，我们还有很多其他的朋友；就算眼前的工作做得不顺利，但我们还有很

多顺利的事情。直面自己，我们也能锻炼自己不断探索积极的一面的能力。

我曾经是一个不太会陷入自我厌恶情绪的人，但尽管如此，喜欢上自己这件事情，还是做了不少努力才达成。每天起床后，照着镜子，心中默想："啊，我是个多么优秀的人啊！"每个人都最好这样去想。为什么？因为这样想又不伤害任何人。嗯，我外表也不错，左右的肾脏也健康，上下的牙齿也好看，这样一想，会觉得自己哪儿都很好。每天起床时都想着：我是一个有能力的人，是一个对大家来说有用的人。只要怀着这样的想法起床，一整天都会感觉不一样。

我们试着反过来想一想。当我们一起床嘴里就念叨着：我什么都不行，到目前为止的人生一片黑暗，今后估计也不会有变化，今天一整天也都会是些乱七八糟的烦心事吧。然后连叹三口气，这样的一天注定很糟糕吧。自己挫败自己的勇气，对自己究竟会产生多大的影响一试便知。

每天早上起床后给自己打打气，开启一天的新生活。每天睡觉前又给自己打打气，告诉自己：今天也是努力的一天，既帮到了大家，也成长、收获了，是多么美好的一天呀，明天也一定会是美好的一天！

如此一来，我们就会变得不再纠结自身的能力和胜负；就算我们努力的结果是不好的，也不再责怪自己；不再只拘泥于自己不足的地方和未达成的目标；不再将自己和他人做不必要的比较；不再认为自己主观的判断是绝对正确的；不再否定自己；不再没完没了地批评自己，也不再像鞭笞马车一样鞭笞自己……希望我们都能学会上述事情，开启新的生活方式。

夫妻间的给予勇气

我在另一本书——《健康人格与人际关系》中讲到过，如果希望丈夫早些回家，不要"怒骂"，而是应该营造一种让丈夫想要早些回家的气氛。有读者说夫妻间做这样的事情有些害羞、令人难为情。

妻子要鼓励自己的丈夫，让他主动地想要和妻子分享他的事、想要陪孩子玩耍，也想要分担家务。通过怒骂的方式，强制丈夫带着恐惧心理去做这些事情，称不上是鼓励。只有让这些事情变成快乐的事情，让丈夫能够通过做这些事情感到快乐，才算得上是鼓励。

学会给予勇气的第一阶段，就是改变态度。不要想着和丈夫之间争出个输赢，不要再想着"可恶的是你，可怜的是我"，要下定决心和对方和睦相处。哪怕让人难为情，也要下定决心改变。因为自己不改变，对方也不会改变。不要总喊着让对方改变，自己却一成不变。想要改善家庭氛围，先改变自己基本的态度吧。

只是改变了态度，却不告诉对方，是无法将这种变化传递给对方的。我们总是特别希望自己不说对方也能够明白。甚至有人认为，我不说你也能够察觉到，这才是爱情。这种想法是不对的，夫妻也好、父子（母子）也好，不开口说出来，是无法将自己的心情传达给对方的，因为现实中并没有所谓的心灵感应。

将命令口吻转换为请求口吻

在日本，夫妻之间也好，亲子之间也好，说话态度总是很恶劣，基本都是命令的口吻。"你给我……""你帮我……""你为什么还不做……"等等。这样的方式，如何能和睦地相处下去呢？在美国，如果是中产阶级以上的话，夫妻之间都会使用礼貌的敬语说话，比如想说"你给我开下门"的时候，他们会说"你可以帮我开一下门吗？"绝对不会是生硬地说"把门打开（open the door）"。

而日本的夫妻在生活中通常使用比较生硬的语言，亲子之间更是生硬。父母对孩子使用的语言，基本都是带有支配性质的命令语言，这样说话，孩子不叛逆才怪。

学校的老师也是如此。比如在修学旅行时，学生队伍走得拖拖沓沓，老师们见到这一幕，一定是拿着扩音器命令学生，语气也一定好不到哪儿去。

我经常建议大家的，不仅仅是不要使用"你给我……""你去给我……"这样的句子，就连"你帮我……""请你帮我……"这样的句子也要避免，因为这些也是带有命令语气的。如果最后再加

上一个语气词"哦"，那简直是完美的命令语气，比如"那个，请你帮我洗一下衣服哦"，这样高阶的命令句，真的不要用。我希望大家能不再使用命令语气，尽可能地使用请求、委托的语气。

请求语气，归纳一下大致分为两类。一类是使用疑问句，"你能……吗？""能请你……吗？""你能帮我……吗？"举个具体例子，"这周日你能陪孩子去动物园吗？"用疑问句就是在请求对方。如果不是疑问句的话，就会是"这周日你陪孩子去动物园哦"，这就成了命令句。不管是用"请你"还是其他看似多么礼貌的词语，结果都是命令。但如果是"能请你……吗？"这就是请求语气了。

如果觉得疑问句式比较难用的话，则可以使用假定句式，比如"如果你能……那我真是太高兴了""如果你能帮我的话，那真的太谢谢你了""如果你能这样做的话，那就帮了我一个大忙了"等。不妨试着说"如果这周日你能陪孩子去动物园的话，我就太高兴了"，对方听到这样的语句是一定不会生气的。

有时，即使我们是打算好声好气去说的，可实际说出口的话还是命令口吻。结果每次对方听到后都特别生气，想着"我凭什么要被你命令？"。

因为我也在给一些心理咨询师做培训，我会让他们把自己实际做咨询时的录音带给我听，并告诉他们这里不要这样说，可以试着那样说。从他们第一次来接受培训，到完全掌握恰当的说话方式、不再使用令人生气的口吻，大都花了将近两年的时间。

总而言之，我们总是不太在意自己的说话方式，在自己都没有意识到的情况下，说出了残忍的话。大家一定都是这样，我保证。

不管是夫妻还是亲子之间的对话，大家都可以录音听一下，听听自己到底说了多少不合适的话。然后在日常生活中去注意，哪怕刚开始时总是忍不住说命令句，但后面意识到"啊，又差点用命令口吻了"的时候就会修正自己要说的话，试着用疑问句式"我能请你……吗？""你能帮我……吗？"或假定句式"如果你能帮我……就真的太感谢了"等，这是能让你处理好与他人关系的关键所在。

关键词"高兴"

还有一件重要的事，就是在你说完"这周日你能带孩子去一趟动物园吗？"且丈夫回答"好啊"之后，不要就此结束。

很多妻子总会觉得丈夫就应该照顾孩子、帮着做家务，不然就该受到指责；总认为孩子好好学习、听父母的话是理所当然，不学习或者不听话的孩子就该受到责罚。这样想的话，即使丈夫和孩子都做得很好也会觉得是理所应当，一旦觉得理所应当就不会再多说任何表扬的话了。

好不容易辛辛苦苦帮妈妈做了家务活，也认真做好了自己的事情，却没有从妈妈那里得到一丝称赞的话，久而久之就没了干劲

儿。任何事情都是这样，对方不给予回应，就会失去热情。

我在做演讲或者开讲座时也是如此，因为听众看着我，一边听一边点头我才有动力一直讲下去。如果听众一脸与我无关的样子，看着别处，一分钟之后我就完全不想讲了。

同样，孩子拼命地学习，努力做到自己的事情自己做，妈妈却一句表扬的话也没有，自然而然孩子就会失去动力。

丈夫也是如此，明明是在为家庭做贡献，妻子却从来不表达高兴之意，甚至一副理所应当的样子，即使丈夫一开始是做这些家务的，久而久之就会觉得自己很傻，反倒不做了。

不要只在对方不为自己做事或做了自己不希望对方做的事情时才给予反应，当对方做了自己希望他做的事情时，也要好好地表达感谢。一句"谢谢""我很开心"就是给予对方勇气和动力的一大秘诀。

给予勇气的秘诀——实际案例

这一章节中，将为大家介绍一些关于给予勇气的实际案例。

① 称赞对方能力的情况

首先要给大家介绍的，是通过称赞对方的能力，反倒让对方觉得勇气受挫的案例。

丈夫："柜子给你装好了哟。"

妻子："哇，真的装得很好呢！你看看，你想做也是能做好的嘛！"

这种称赞方式往往会让对方觉得自己又不是小孩子了，实在是不需要这种表扬。

② 称赞对方贡献的情况

将上述方式转变为称赞对方的贡献和对自己的帮助上。

丈夫："柜子给你装好了哟。"

妻子："哇，要不是有你在，我真是没辙了。有你帮忙，我真的很开心。"

一句"我很开心"或者"谢谢你"都是特别简单的鼓励对方的

方法。听到这样的话语，心中也会暗想今后我也要为这个家做更多事情。

③ 重视结果的情况

接下来要介绍的是因为重视结果而挫败了对方勇气的做法。

孩子："爸爸！爸爸！你看，我考了96分！"

父亲："嗯，考得不错。你这么聪明，爸爸真开心呀！"

这样说也不是不行，但仅仅只是还行，如果哪次考得不好，就会出现问题了。

孩子："我这次只考了40分……但我真的努力了。"

父亲："唉，不管怎么努力也就只能考这点分了，我都觉得丢人。"

如此一来孩子只会觉得更惭愧，虽然孩子依然会觉得要和父母分享喜悦，但失败、受挫时就会觉得没必要再跟父母分享了。

④ 重视过程的情况

那么，我们不妨下点功夫，试着通过使用重视过程的表达方式来鼓励对方吧。

孩子："爸爸！爸爸！你看，我考了96分！"

父亲："嗯，你这次很努力呀！"

前一种方式中说到了"考得不错"，"考得不错"和"这次很努力呀"在考得了好成绩时其实意思没什么区别，但考得不好时，意思可就差太多了。

孩子："我这次只考了40分……但我真的努力了。"

父亲："嗯，这次有些遗憾，但是你已经很努力了呀，这就够了。"

比起听到父亲说"我都觉得丢人"，"但是你已经很努力了呀，这就够了"能够让孩子的心情变得轻松许多。当孩子考得好时，说一句"这次很努力了呀"，考得不好时也可以说一句："这次已经努力了呀"。同一句话，在哪种场合都能激励到孩子。

⑤ 指出缺点的情况

下面是找出对方不足并指出时的情况。这里并不是指故意奚落对方，而是原本抱着鼓励对方、让对方更加努力的目的去指出对方的不足，结果却让对方备受打击的情况。

孩子："爸爸，我画了一幅画，你看看！"

父亲："嗯……整体还行，就上色这块还差一点儿。"

孩子抱着画跑过来让爸爸看，并不是为了找批评的，一定是想要和爸爸分享自己完成画的喜悦的。如果父亲强烈地表达出了批判的意味，那么从下次开始，孩子就会害怕会不会有什么不足之处被指出。

⑥ 指出成功之处的情况

那么，如果将我们指出的部分换成对方的长处，就能成为鼓励对方的话语了。

孩子："爸爸，我画了一幅画，画得不太好。"

父亲："嗯……但是你这个线条画得多好呀，不是吗？"

孩子："是吧?！"

如此一来，孩子高兴了，今后也会努力画画，然后兴高采烈地抱着画跑过来跟爸爸分享。

⑦ 指出成功之处后再指出不足的情况

点评对方成果时，就点评对方完成得很好的部分。没有达成的部分，其实也没有必要再指出了。如果无论如何也想要指出的话，可以先重点指出对方做得好的部分，然后将未达成的部分三言两语地带过，这样也未尝不可。

孩子："爸爸，我画了一幅画，画得不太好。"

父亲："嗯……但是你这个线条画得多好呀，不是吗？之后在上色方面再下点功夫就能变得更好了。"

孩子："好！那我再努力试试。"

⑧ 无法接纳失败的情况

接下来是无法接受对方失败的情况。这里所讲的也并不是那种以故意欺负对方为目的的行为，而是抱着鼓励对方的好意，却往往挫败了对方勇气的行为。

孩子："我这次考试没考好……"

父亲："哪科？你天天上学就考了这么点分数？你到底怎么学的啊？"

被父亲这样说，孩子只会生气地在心中暗想：就好像爸爸你很厉害似的，哼……

⑨ 接纳失败的情况

那么，当孩子失败时，我们应该怎样接纳孩子的失败并给予孩子勇气呢？

孩子："我这次考试没考好……"

父亲："嗯……这次有点可惜呀，你明明已经很努力了。不过没关系，下次还有机会嘛。"

这种情况下，孩子会不会对下次机会抱有期待并为之努力是关键所在。如果批评孩子"都这么努力了还考这么个鬼成绩，你是不是脑子不好用啊""你是不是学习方法不对"，那么孩子便会失去为下一次而努力的动力，但如果换一种表达，告诉孩子"这次有些可惜了""你已经很努力了呀""但我们下次还有机会嘛"，便能培养孩子面对挫折时积极的心态：哪怕这次失败了，下一次我还要更加努力！

⑩ 与他人进行比较的情况

接下来，是当你将对方与他人进行比较，指出对方胜过他人或不如他人的部分，想要以此来鼓舞对方，实际却挫伤了对方勇气的情况。

孩子："我跑步比赛输给班上的优子同学了。"

父亲："连优子都跑不过，你做什么能赢得过别人？还不努力练习？"

如此一来，如果下次还是比不过，孩子就会担心被骂，然后干脆就不再参加跑步比赛了。

⑪ 注重成长的情况

那么，同样的会话场景，在鼓励孩子时，将孩子自身的过去和现在进行比较，注重他成长了多少，这样就能给予孩子勇气了。

孩子："我跑步比赛输给班上的优子同学了。"

父亲："嗯……但是你这次比上次跑得更快了，不是吗？"

这样鼓舞孩子的话，孩子下次便会觉得哪怕是失败，也要再努力尝试。这种精神极为重要。如果赢不了，那么干脆就不比，如果无法成功，那从一开始就不做——现在的很多孩子都有这样的倾向。**无论结果如何，挑战这件事本身最为重要，任何事情，在反复练习和经验的积累中一定会做得很好。**

⑫ 评价善恶好坏的情况

接下来是希望通过判断善恶、好坏来鼓励对方，实际上却挫败了对方勇气的例子。

孩子："爸爸，我画了一幅画，你看看。"

父子："嗯……造型挺好看的，上色方面还差一点，整体可以给六十分吧。"

这完全不是孩子原本期待的反应，久而久之孩子就不会想把自己的画拿给父亲看了。

⑬ 让对方去判断评价的情况

如果，将判断、评价的权利交给对方，就能给予对方勇气。

孩子："爸爸，我画了一幅画，你看看。"

父子："嗯……你自己最满意哪一部分？"

孩子："我在这个叶子的质感上下了些功夫……"

父亲："原来如此，这里确实很棒，我也很喜欢这一块儿。"

孩子："哇，真的吗？好开心。"

像这样，先听听对方的判断。不要自己率先下判断，而是听听对方觉得哪里做得最好，哪里做得还不够，基于这些信息再决定该从哪个方面给予对方勇气。

⑭ 使用否定的话语鼓励对方的情况

接下来看一看使用否定的表达或消极的语言，原本是要鼓励对

方反倒打击了对方的例子。

孩子："我真是手太笨了，手工活都做不好。"

母亲："都还没开始干就这么想可怎么办呢？你干都不干怎么能干得好呢？"

这样说的话，孩子会感觉自己被责骂了吧。

孩子最初失去勇气，就是因为被父母这样说了。当自己不能顺利地完成某件事时，就会担心被父母责骂，然后逐渐失去干劲儿。

⑮ 使用肯定的话语鼓励对方的情况

那么，我们试着转换成肯定的表达，去积极评价对方做得好的部分。

孩子："我真是手太笨了，手工活都做不好。"

母亲："虽然做得不快，但是你完成得很细心呀！"

孩子："是吗？"

将孩子认为是自己缺点的部分，即所谓的手笨、做得不快、没有完美地完成手工作品的部分，用肯定的说法进行鼓励，将目光聚集到孩子的其他侧面进行评价，如：虽然不能很快地完成，但能够仔细耐心地完成呀！

⑯ 使用"以'你'为主语的表达"激励对方的情况

接下来是"以'你'为主语的表达"，即"你好或是不好""你应该这样做或不应该这样做"等。这些以对方为中心的说话方式会挫败他人勇气。

孩子："呜呜，妈妈，帮我买那个嘛！"

母亲："都这么大了说话怎么还这个语气啊，别人看到都笑你呢。"

"都这么大了说话怎么还这个语气"言外之意就是"你不应该这样说话"，也就是这里讲的"以'你'为主语的表达"。这种说话方式会给孩子营造出一种被抛弃和不被爱着的氛围。并且"别人看到都笑你呢"会让孩子觉得"妈妈把面子看得比我要重要"。

⑰ 使用"以'我'为主语的表达"激励对方的情况

我们再来试试"以'我'为主语的表达"，也就是说话时以母亲的情感、想法为中心的表达方式。

孩子："呜呜，妈妈，帮我买那个嘛！"

母亲："妈妈不太喜欢你这个说话的方式哟。你已经长大啦，想想看有没有其他的说话方式。"

这样的说话方式首先不会让孩子感到绝望，然后孩子会觉得尽管刚刚的说话方式不行，但只要自己下功夫想想该怎么说，妈妈就一定会听自己说话的，妈妈和自己之间保持着交流，不会和妈妈陷入没有交流的状态。

用这样的说话方式和孩子沟通，久而久之孩子也会对与人交流的技巧产生兴趣，会慢慢开始思考如何用对方不讨厌的方式，让对

方满足自己的要求。

⑱ 将主观意见当事实来说的情况

接下来介绍明明是主观意见，却当作事实来陈述，结果挫败了对方勇气，伤害了彼此间感情的例子。

妻子："隔壁邻居家的那个女主人，心思真的坏。"

丈夫："不是的，你弄错了呀，那人挺好的。"

妻子："嗯，反正最不好的就是我。"

虽然丈夫并没有说过妻子不好，但妻子会觉得自己被比较了，然后心生怨念。

⑲ 讲明只是自己主观意见的情况

同样的内容，只需要强调一下"这只不过是我的主观想法"，就可以避免这种矛盾。

妻子："隔壁邻居家的那个女主人，心思真的坏。"

丈夫："嗯……你的感觉是这样的呀，我的想法和你有点不一样，我觉得那个人也有她不错的地方。"

妻子："或许吧。"

如此一来，妻子不但不会觉得自己的看法被否定了，还会尝试着从丈夫的视角出发再去看待问题。

给予一个人勇气，有时我们可以试着让对方从新的角度出发。

⑳ 用表扬和斥责的方式激励的情况

最后，我们来看一看通过表扬或斥责去激励对方却导致对方失去勇气的典型例子。

妻子："亲爱的，我今天做的菜换了一个新花样。"

丈夫："在哪儿呢，我来看看。嗯，真厉害，做得很好吃呀，以后也要继续加油呀。"

这种语气让人觉得讨厌，是因为这是地位高的人以俯视的角度给下面的人的鼓励。此时，两人的关系就变成了纵向关系。尽管自己想着是表扬对方、鼓励对方，可在对方听来，会觉得自己没有被平等对待，甚至会失去积极性和勇气。

㉑ 共鸣、感谢的情况

那么，我们试着将斥责或表扬换成感谢、共鸣的表达方式。

妻子："亲爱的，我今天做的菜换了一个新花样。"

丈夫："哪儿呢，我来看看……啊，你为我做了一道这么麻烦的菜呀，一定很辛苦吧？我太开心了，谢谢你呀！"

妻子："只要你开心，再麻烦我都觉得值了。"

用这样的方式，直白地告诉对方你很开心，这样对方也一定会高兴吧。妻子顺利做出来一道美味佳肴的开心，以及丈夫看到妻子为自己做了一道佳肴的开心，两个人去分享彼此的开心，是夫妻间最重要的默契。

但久而久之，丈夫的目光有时容易聚焦到成果、做得好的菜肴上，如前文所述，这时反而会起到打击对方的反作用。

Q&A

——给予勇气有所谓好的时机吗？

原则上来说是有的。具体来说，就是当对方做了一件不错的事情时，要尽快找到时机给予对方勇气。比如"你四天前按时起床了，妈妈真高兴呀"，这种滞后表扬就无法起到鼓舞孩子的作用，而是应该在按时起床的当下就鼓舞孩子。

再者，当对方希望得到勇气时，我们要毫不吝啬地立刻给予对方勇气。对方希望得到鼓舞的场合，比如说完成了某件事很开心时，或者正好相反，是在遭遇了某种失败非常沮丧时，这些场合都需要我们立马给予回应。

但我们总会错失一些时机，不要因为错过了就什么都不做了，哪怕是四天前的早起，晚说总比不说要好。

——如何判断自己说出的话，到底有没有成为对方的勇气源泉？

这个问题非常简单，去问一下对方就知道了，我想这是最好的办法。

不要过分轻视这一问题，亲子之间也好、夫妻之间也好，很少有人会问彼此："我刚刚说的话，你听了有什么感受？"不管是父母与孩子，还是妻子与丈夫，归根结底还是不同的个体，对事物、话语的感受必然不同。有时即便我是抱着鼓舞你的目的说出的话，但你在接收到信息后，或许又感受到了别的意味。这种情况极为常见。

因此，为了知道对方的感受，我们不妨时常问问对方"我刚说的事怎么样""我刚说的，你怎么看"，以此去确认对方的心意与感受。

第2章

高明的自我主张
表达技巧

自我主张意识——影响对方的行动

这一章，我们来看一看"表达自我主张的高明技巧"。

这里用到了"自我主张意识"一词，所谓具有自我主张意识的行为，对于与他人保持良好的人际关系十分必要。

当然，日常寒暄、礼节，或者各种闲聊技巧都很重要，但掌握这些技巧并不算很难。

在心理学上，特别是在"语言心理学"领域，将人类的沟通行为分为两类。一类是日常打招呼或称赞"这花儿真漂亮呀"之类没有向对方提出要求，仅仅是将眼下发生的事情通过语言陈述出来的行为。另一类则是"请你这样做""请你不要这样做"等会对对方的行为产生影响的语言。

这两种语言行为哪一种更难呢？显而易见，对对方行为产生影响的，即向对方提出要求或拒绝对方要求的语言行为要难许多。因此，如果能够掌握这门说话技巧，那么人际关系的处理会变得轻松，也能与更多人建立起良好的关系。

其实，人际关系方面的烦恼，很多时候都是因为向对方提出自己的要求或是拒绝对方要求而产生的矛盾。

能够巧妙地表达自我主张，巧妙地拒绝对方的要求，是拥有良好的人际关系、与更多人友好相处的必要条件。

委托他人的四种情况

那么，在与人交往中，为什么有必要向对方提出我们的内在要求呢？

我们的要求不见得一定与他人的要求相一致。如果他人能够毫无条件地接受我们提出的任何要求，那人际关系的处理就轻松多了，但实际情况却不会如此。我们提出的要求被对方拒绝，对方提出的要求被我们拒绝，这些都如同家常便饭般时有发生。

当我们提出的要求被对方拒绝时，我们可以试着将这些被拒绝的提出要求的方式进行分类。

通常情况下，如果最初在拜托对方给我们某种东西时说"不好意思，你能借我一点钱吗"，或许能够很顺利，但一旦被对方拒绝，接下来该怎么办就成问题了。究竟是一如既往地保持理性和礼貌的态度，还是通过冲动地、带有攻击性地骂对方来让对方答应？此时的做法就产生了分歧。

① 表达性自我主张

当对方和自己的要求不一致时，可以将向对方表达自己的主张、提出要求的行为分成四种。

第一种是"表达性"的委托方法。这里的"表达性"指的是将自己的要求用明确的语言表达出来且考虑到不伤害对方感情的说话方式。当然，这也是最为理想的方法。

清晰明了地向对方传达自己所想的、所期望的，且不伤害对方，不打击对方的积极性，这是最好不过的方式了，可实际中并不见得每次都能做到。

② 非表达性自我主张

第二种则是"非表达性"的方式。这是一种因为害怕伤害对方或被对方伤害而采取不表达自己的要求、隐藏自己想法的方式。采取这种态度的人很常见。

即使有想说的话，有希望对方为自己做的事儿，却因为害怕说出口后会伤到对方，又或者害怕对方的反应会伤害到自己，思来想去还是以沉默告终。

这种态度其实不太可取。这种想法或许可以避免人际关系的矛盾，但因为没有向对方传达自己的真实想法，所以可能导致一直被对方误解。

当然，我们有权利不提出自己的要求，但与此同时也要承担相应的责任。当我们主张不表达自己的要求时，就意味着也要认可对方不表达自己要求的想法，这是我们的责任之一。

另外，我们也必须承担起被对方误会后的责任，而这就是问题所在。因为是我们自己没有向对方表达清楚，所以当误解产生时，责任也在自己身上。

非表达性的、不将自己的要求清晰表达出来的态度，或许能融洽一时的人际关系，但从长远来看，却是摧毁良好人际关系的重要原因。

③ 攻击性自我主张

第三种态度为"攻击性自我主张"。是指通过伤害对方，比如通过威胁、恐吓等手段来让对方答应自己要求的一种态度。这种态度可以说是人际关系矛盾产生的根源。

很多人要么是非表达性，要么是攻击性，在二者之间转变，却无法采取表达性的行动。通过学习表达性自我主张的方法，就可以改掉非表达性或攻击性的态度。

④ 报复性自我主张

最后一种，是更为恶劣的态度，这里称之为"报复性"态度。报复性态度是指没有提出自己的要求，却还要伤害对方的一种做法。很多场合下，这种做法会出现在人际交往一连串流程中的最后一个环节。比如"够了够了，你都这样说了我就不拜托你了，不过你给我记着（下次有什么事儿你也千万别找我）……"一边是"不

表达自我主张的四种方式

	不伤害对方	伤害对方
表明要求	表达性	攻击性
不表明要求	非表达性	报复性

表达性提出要求的行为	攻击性提出要求的行为
横向关系 　自己和对方是平等的 　合作与互相奉献	**纵向关系** 　自己在上，对方在下 　支配与服从、保护与依赖
理性的 　冷静地用语言表达自己的要求 　主题是对方是否理解了自己	**感性的** 　利用感情支配对方 　主题是胜负
逻辑的 　看法只是看法 　寻找妥协点	**诡辩的** 　把看法当事实 　全部或零的逻辑
负责任地主张权利 　承认对方的权利 　为给对方造成的影响负责	**不负责任地主张权利** 　只在乎自己的权利 　不为给对方造成的影响负责
请求口吻 　能请你帮我……吗？ 　如果你能帮我的话就太感谢了。	**命令口吻** 　请你…… 　你应该……
非固执的 　适可而止 　如果不行就放弃	**固执的** 　即使不择手段也一定要对方满足自己的要求

Ways To Give Courage

　给予勇气的方法

拜托你了"撤回自己的要求，一边却又说着"你给我记着"以此来伤害对方，这就是报复性行为。这是一种极为恶劣、特别伤害人际关系的做法。

最后进行一次总结（参见图表），表达自我主张、提出自己的要求通常有四种方式。这里以"明确提出自己的要求"和"不明确提出自己的要求"为纵轴，以"不伤害对方"和"伤害对方"为横轴而形成四个方格。

其中，明确提出自己的要求同时考虑到不伤害对方感情的方式为"表达性"；撤回或藏匿自己的要求同时不伤害对方的方式为"非表达性"；为了让对方答应自己的要求不惜伤害对方的方式为"攻击性"；撤回或藏匿自己的要求，同时还要伤害对方的最为恶劣的方式为"报复性"。

何为表达性自我主张

我们时常会选择非表达性或攻击性的自我主张方式，有时甚至为了中断交流，选择报复性的做法，这些都是不恰当的行为。采取不恰当行为的很重要的一个原因就是不知道何为恰当的行为。换句话说，就是没有掌握表达性的自我主张方法。

当我们掌握了表达性的自我主张方法后，非表达性的、攻击性的、报复性的做法自然而然就会减少。

那么怎样做才能掌握表达性的自我主张方法呢？这里给大家介绍几个具体的技巧。

① 建立横向关系

第一点，建立"横向关系"。关于"横向关系"与"纵向关系"，这也是出现过好几次的主题。如果和对方是一种"纵向关系"，则在自我主张时更容易采取非表达性的、攻击性的乃至报复性的方式。

因此，摒弃纵向关系，与对方保持平等关系，为了达成共同的目标而相互协作，或者即使没有共同的目标，也要时刻想着对方可以帮助自己，并为此感谢对方，有意识地去构筑这种横向关系，是最为基础、重要的事情。

② 保持理性

第二点，则是持续保持"理性"。

或许有人会认为理性即冷漠，理性的交流并不是好的交流，而富有感情的交流才称得上是好的交流。

的确，通过交流来与对方分享喜悦、快乐等正面的感情，是好的交流。而将愤怒、恐惧和不安等情绪带入人际交往中，并企图通过让对方产生这些情绪而达成自己目的的做法，就是之前讲到的攻击性、报复性的做法了。这种行为绝对称不上是好的交流。

我们必须时刻保持冷静，用自己的语言清晰地表达自己的要求，努力让对方理解自己的想法。

感性的交流，会让人试图用感情支配对方，不断地去争一个输赢。如果对方答应了自己的要求，就是自己胜利了，如果对方拒绝了自己的要求，则是自己输掉了。

但让对方答应自己的要求，或是拒绝对方的要求，并不是一场关乎胜负的竞争。这只是为了达成合作的一个流程、一个环节而已。因此，即便是被拒绝，也没有必要变得感性和冲动，永远保持理性、头脑冷静，在人际交往中极为重要。

③ 保持逻辑性

第三点，使用正确的逻辑（理论）。换句话说，不要诡辩。

我们最常使用的诡辩，就是把自己主观上的看法当作事实来讲，这在前文中已经有过阐述。自己主观上的看法，就应该当作一个看法来讲，并对自己的看法负责。

然后对符合逻辑的事情，我们也应该找一个让步的备选方案。如果任何事情都企图让对方百分之百满足自己，那我们也必然变得感性、冲动。

如果对方不能够满足自己的全部要求，那么就努力让对方答应其中的一部分。一定不要想着，如果不能全部满足就干脆一点儿也不要，如果不是百分之百，那还不如零。哪怕让步百分之四十、五十，也让这场谈判胜利吧！

④ 认识到权利与义务同在

接下来，我们要时刻意识到"义务"伴随着"权利"而存在。

前面讲到过我们有拒绝表达自己的权利，同时也有表达自己的权利。

我们有向对方提出要求的权利，但同时也会伴有相应的义务。希望各位明白，当我们主张一种权利时，通常伴有三种义务。

第一，承认对方拥有与自己相同权利的义务。因此，当我们表达"请你这样做"的时候，我们也必须认可对方有表达自己想法的权利。即对方有权利说"我不愿意"。我们不能说"你没有权利拒绝"。

第二，接受任何由于自己表达权利而导致的结果。因为自我表

达，人际关系上可能会发生各种问题，从一开始我们就要有所觉悟，产生的任何结果都要自己承担。

第三，在主张向对方提出要求的权利时，我们也有不能伤害对方的义务。我们应当尽最大可能考虑周全，不伤害对方。因此，我们最好认为，生而为人，我们本就没有变得攻击性、报复性的权利。我们永远不要忘了，权利与义务同在。

所以，希望我们都不要固执，不要钻牛角尖，不要任何事情都要争到最后，不要不惜一切手段让对方满足自己的要求，这种固执必然带来麻烦。我们应当有在某一个时间点退让的觉悟，不要过分强烈地拘泥于某件事。如果非要弄成攻击性、报复性行为而告终，那还不如以不表达而告终。

基本上绝大部分场合，我们提出的要求都不是必须在眼下全部得到解决的。如果这次提出的要求并没有得到同意，那么与其以攻击性、报复性的方式结束，不如暂且撤回自己的要求，来日方长，之后想想该如何说服对方。

说白了，对方也有心情好心情坏的时候，或许他（她）拒绝你只是恰巧今天心情不好。下次找准时机，待到对方心情好时再去拜托对方，说不定会意外地顺利。

像这样，不固执，不要想着任何事情都要在此时此刻全部得到解决。哪怕只是对方态度的一点点小变化，有变化就足够了，积小成大，或许会花费一些时间，但只要对方能一点点地理解自己，答应自己的要求就好了。

⑤ 使用请求的口吻

这应该是人际交往中最基本的态度，但这里还是想给大家讲一些具体的小技巧。

在"给予勇气"的上一章中稍有讲到，一定不要使用"命令口吻"。比如"你给我这样""你应该这样"等，这种口吻一定会演变为攻击性行为。

所谓命令口吻，不止"你给我……""你应该……"等生硬的命令方式，还有诸如"请你做一下……""你帮我做一下……"等比较柔和的说法。但即使是这种柔和的说法，归根结底还是命令口吻。

能够代替命令口吻的是请求口吻，即请求对方、拜托对方的口吻。

请求口吻主要有两种类型，一种是使用疑问句"你能帮我……吗？""我能请你帮我……吗？"，另一种是使用假设句式，如"如果你能帮我的话，那就太感激了""如果你能做这个，那真是帮了我大忙了"等。这两种说话方式都能让我们的人际关系变得更加顺滑。

高明的自我表达实例

① 非表达性请求方式的具体案例

妻子："你下班回家路过超市的时候能帮我买一点肉回来吗？"

丈夫："好麻烦啊。"

妻子："好吧，那算了。"

第一句"你下班回家路过超市的时候能帮我买一点肉回来吗"是一句表达性的请求方法，并且使用了"能帮我买一点肉回来吗"这样的疑问句式的请求语气。

丈夫说"好麻烦啊"，虽然没有明确拒绝，却是间接地拒绝了。并且，如果非要说是哪种性质的拒绝方式，则更偏向是攻击性的、稍带感性色彩的拒绝方式。

面对这种回答，妻子选择回答"好吧，那算了"，以此撤回自己的请求。如果双方再继续交谈下去，给人的感觉是会发生矛盾和争吵。

这种妻子因为怕伤害对方或害怕自己被伤害而停止交流的情况，可以称之为非表达性的交流方式。

② 攻击性请求方式的具体案例

接着，我们来看一个态度更为积极的妻子是如何使用攻击性请求方式的。

妻子："你下班回家路过超市的时候能帮我买一点肉回来吗？"

丈夫："好麻烦啊。"

妻子："就这么点小事儿你应该帮我做的吧，所以拜托你买了带回来喔。"

丈夫："啊——啊，知道了，知道了，买回来就行了呗。"

"就这么点小事儿你应该帮我做的吧"其实已经包含了些许攻击的意味。因为这其中蕴含有"你没有尽到你应尽的义务，这点小事儿只不过是你的一点义务而已"的意味。

如果事态继续发展下去，妻子一定会说："上次让你……你也是没干，这次又是各种借口"，此时丈夫已是百口莫辩。这样的事情，妻子可是一五一十地记在心里，所以才能理直气壮地说"所以拜托你买了带回来喔"。

丈夫虽然说着"啊——啊，知道了，知道了，买回来就行了呗"，可这却是稍带报复性质的回答方式。非表达性的回答方式是单纯的接受，例如"好的，我知道了"，而"啊——啊，知道了，知道了，买回来就行了呗"是一边给予对方一些伤害，一边让步的报复性做法。

一旦请求方式是攻击性的，那么如果对方接受这一请求，接受方式就一定会是报复性的。

③ 报复性请求方式的具体案例

接下来是报复性的请求方式，这一方式是在放弃请求后，以伤害对方为主要目的的做法。

妻子："你下班回家路过超市的时候能帮我买一点肉回来吗？"

丈夫："好麻烦啊。"

妻子："好的，再也不让你做任何事了。对了，所以不管我今晚做什么菜给你吃，你都别抱怨哦！"

丈夫："嗯，随便你。"

妻子的"好的，再也不让你做任何事了"，是选择撤回自己的请求，但是"所以不管我今晚做什么菜给你吃，你都别抱怨哦"却是在丈夫心中刺下了一颗钉子，这是明显以伤害对方为目的的沟通方式。

面对妻子的回应，丈夫亦是选择"嗯，随便你"这样更具报复性的回答方式来结束对话。

在很多情况下，当一方选择用报复性方式伤害另一方时，另一方也会选择用报复性方式来回应。此时，双方的所有言行都只剩下了伤害对方这件事。换句话说，起初交流沟通的目的在中途已经发生了改变——主题从你能不能帮我买点肉带回家、我要不要帮着做点家务，变成了如何更有效地伤害对方。

像这样，当我们使用了报复性或攻击性言语时，交流的目的或许早已在不知不觉中发生了改变。

④ 表达性请求方式的具体案例

最后，介绍一下表达性请求方式的案例。

妻子："你下班回家路过超市的时候能帮我买一点肉回来吗？"

丈夫："好麻烦啊。"

妻子："我知道你下班了肯定也很辛苦，但如果你能顺便买回来的话，真的是帮了我一个大忙了。"

丈夫："好吧，真拿你没办法，那我买回来吧。"

面对丈夫的"好麻烦呀"，妻子首先是通过"我知道你下班了肯定也很辛苦"承认了对方的状态，紧接着用一个假定句式，"但如果你能顺便买回来的话，真的是帮了我一个大忙了"来表达自己的请求。

而丈夫对此，以一句非表达性的方式"那我买回来吧"结束了这段交流。

在这段交谈中，最大的特征是没有愤怒、不安等任何负面情绪的表达，且一直维持住了交流的目的。

前几种方式中，无论哪一种交流方式，最后导致的结果都是双方关系稍有疏远甚至极端疏远。而运用好表达性请求方式，通过依赖对方却可以起到强化两人关系的作用。

✊ 拒绝他人的情况

那么接下来，是关于拒绝方式的实验。与请求方式一样，拒绝同样分"表达性""非表达性""攻击性""报复性"四种模式。

我们试着看一下不同请求方式与拒绝方式相混合、稍微复杂的情况。在下面这个例子中，复杂地使用了攻击性拒绝方式、攻击性请求方式、报复性请求方式和报复性拒绝方式等。

丈夫："你能帮忙去遛个狗吗？"

妻子："我现在手上的活儿没干完，你去吧！"

丈夫："嗯……那等你手上的事儿忙完了再去，可以吗？"

妻子："我这个干完了得去小区的一个聚会，我看你不是挺闲的吗？你自己去不行吗？"

丈夫："哎哟，我今天太累了。"

妻子："你哪天不累？什么都让我做，我也很忙呀。"

丈夫："嗯，你忙，真是笑死我了。什么小区聚会，不就是一群妇女聊八卦吗？"

妻子："什么妇女聊八卦，你说这话也太没有礼貌了吧！倒是你总说应酬、应酬，不就是到处玩儿吗？家里的活儿一点忙也不帮。我是你的保姆吗？"

丈夫："哎哟、哎哟，又是这套，又开始歇斯底里了。"

首先，丈夫最早提出来的"你能帮忙去遛个狗吗？"是使用了疑问句式的表达性请求方式。面对丈夫的请求，妻子也采用了相对表达性的回应方式"我现在手上的活没干完，不然你去吧"，丈夫继续使用表达性请求方式"嗯……那等你手上的事儿忙完了再去，可以吗？"，但妻子接下来的回应"我这个干完了得去小区的一个聚会，我看你不是挺闲的吗？你自己去不行吗？"其实已经开始带有很强的攻击性意味了。并且，妻子把"你看起来挺闲的"这一主观判断当作了客观事实来陈述，逻辑上来说是种诡辩。

丈夫用稍带攻击性的拒绝方式说"哎哟，我今天太累了"，妻子则在此基础之上加强攻击火力"你哪天不累？什么都让我做，我也很忙呀"。

交流走到这一步，主题已经不再是"谁去遛狗"的问题了。而是一种比谁更忙、谁更累的纵向竞争关系，或者可以说是在争一个家庭地位的高下。

此时丈夫变得冲动、失去理性，试图通过侮辱对方来伤害对方的感情，于是说"嗯，你忙，真是笑死我了。什么小区聚会，不就是一群妇女聊八卦吗？"，这句话只不过是报复性言语而已。

而妻子最后说"倒是你总说应酬、应酬，不就是到处玩儿吗？家里的活儿一点忙也不帮。我是你的保姆吗？"更是偏离了原本主题的报复性语言行为。

最后，谁去遛狗这个问题已经不重要了，双方陷入了一场关于

权力的斗争，争一争在这件事上到底谁是对的、谁又错了。

此时，丈夫已经不再想表达，敷衍道"哎哟、哎哟，又是这套，又开始歇斯底里了"，然后会自己默不作声地去遛狗。整体上来说，是一段极为糟糕的交流。

表达性的拒绝方式

让我们试着将这段交流转换为表达性交流方式看看。

丈夫："你能帮忙去遛个狗吗？"

妻子："那个，我现在手上的活儿没干完，实在是撒不开手，要是今天你能去的话就帮了我一个大忙了。"

丈夫："啊，那等你手上的活儿忙完再去也没问题的，之后你可以去吗？"

妻子："我这个忙完了得去小区的聚会。对不起，实在是抱歉呀！今天你能去吗？"

丈夫："嗯……那就没办法啦，我去吧。"

妻子："哇，你太好了！"

丈夫："那明天就该轮到你去了哦！"

妻子："嗯，好的，没问题。"

这段交流虽然最终以非表达性的方式结束，但这种"非表达性"并非因为被迫或想要避免受伤，而是因为认同了对方的说法才采取的方式。在交流过程中两人并没有感到不愉快，且两人的关系没有恶化，而是得到了维持。

 情感需要表达

日本人不太喜欢将个人主张表达得过于强烈，甚至认为不表达自己是一种美德。这也表明了日本人的一种"依存性"生活方式——"即使我不说出口，对方理所当然也能明白我的要求，且满足我的要求"。

那么，当我们认为自己没有在表达时，是真的完全什么都没有表达吗？其实不然。更多时候我们是在用态度、神情、语气等方式极为强烈地表达着自己的主张。为了让对方能够明白，我们有意无意地下了很多功夫。当对方无法察觉自己的需求时，这类人就会变得具有攻击性，于是说"我都这么难过了，你为什么就是不懂呢？"，这种态度绝对称不上是成熟的、健康的生活方式中会有的一种态度。

我们必须学会将对对方的期待用言语清晰地表达出来。 不管我们的传统文化做了怎样的规定，我们都有必要摆脱这种束缚。

无论是在夫妻关系、亲子关系中，还是在职场人际关系中，冷

静地、清晰易懂地向对方表达自己的需求都极为重要，这同时也是让我们的社会在今后能够变得更加美好的重要因素。

当然，表情、神态等所谓的肢体语言是能够丰富我们的交流的，但只有从口中说出来的清晰的话语，才能最为准确且正确地向对方传递自己的想法和感情。

这种善于表达的能力在职场的人际关系中十分重要，在夫妻关系中同样重要。沉默不语也能与对方心意相通，或许是很多人都渴望的状态。如果真能完全心意相通倒是一件很美好的事情，不过，夫妻是来自不同的家庭、有着不同家庭文化背景的两个人组成了一个新的家庭，两人对于许多事情都有着不同的理解，这个现象极为普遍。我们必须努力做到用语言去向对方表达自己的需求，从日常生活中方方面面的小事开始，我们希望彼此怎么做，希望对方做什么，不希望对方做什么，都要用语言表达出来。

我在临床诊断中发现，亲子关系或夫妻关系中的问题百分之七八十都与表达方式有关。只要能够掌握表达性的沟通技巧，大部分的情感问题应该都能得以消解。

所谓控制感情，不是说控制感情本身，而是掌握即使不利用感情也能交流的方法。下定决心不利用感情而是理性地去交流，掌握理性交流的方法，那么因感性而冲动的情况就会减少。其结果就是亲子关系、夫妻关系、职场人际关系都能一直保持平稳，在积极正面的感情中维持下去。这是实现良好人际关系的重要法则之一。

Q&A

——掌握了表达性的交流技巧，就能让对方满足我的任何要求吗？

非常遗憾，答案不是肯定的。只能说，比起使用攻击性的请求方式，使用表达性的请求方式，会让自己的要求得到满足的可能性更高。很多情况下，使用表达性的请求方式，对方倾听自己需求的概率确实更高。

我想有很多人都误解了，认为攻击性的请求方式更容易让对方满足自己的要求。但如果实际尝试一下的话就会发现，表达性的请求方式更能够增加对方倾听自己需求的意愿，因此也更容易让对方答应自己的请求。但尽管如此，也不是百分之百奏效。为什么这么说呢？因为人与人之间的利害关系，在某些情况下无论如何都会是对立的。

即使尝试了所有的方法，哪怕表达性的请求方法也没能让对方答应自己的要求，这种情况下，比起攻击对方，更建议大家暂且撤回自己的要求，等之后再下功夫看看有没有别的机会、别的方式再去提出自己的要求。

——当对方采取攻击性或报复性的交流方式时，我该怎么办呢？

有些时候，即使我们努力保持表达性方式去和对方交流，对方也难免变得具有攻击性、报复性，这时对方其实已经陷入了权力的斗争中。

当对方开始争夺权力，而我们也将变得具有攻击性时，解决办法就是让自己从这种想法中挣脱出来。具体来说，可以选择先离开，暂且选择非表达性的方式，让自己能够冷静下来，停止一切交流。此时注意务必不要采取报复性的结束方式，非表达性的结束方式即可。等过一段时间，自己去判断此时应该能够冷静对话了，再去跟对方说："刚刚有些冲动了，不好继续说下去了，现在大家都冷静了，可以再听我说一次吗？"先创造一个能够冷静对话的氛围，再展开自己的话题会更好。

如果攻击性的交流持续下去，最后必定会有一方采取报复性的方式来结束交流，留下非常不好的感觉，导致两人的关系恶化。

——我这个人性格内向，什么时候都不太习惯表达，该怎么做才能改变自己呢？

一句话说，就是训练。

先把表达性的交流语言记下来，然后在至今为止都不敢表达的场合试着说出口，哪怕一次都行。人的心理其实是很有趣的，一次做到了的事情，第二次、第三次轻而易举就能够做到了，比如骑自行车、游泳都是如此。在训练之前或许会觉得特别难，但一旦学会了骑自行车，哪怕中间过很久都不骑，下次再骑的时候还是一下子就可以骑了。同样，表达性的交流方式也不过就是一种肌肉运动、一种态度而已。一旦掌握了一次，下次就会变得格外轻松。

第3章

不恰当行为及其
解决方法

何为勇气受挫

"不恰当的行为"一词，或许大家很少听到。通常我们会说恶劣的行为或错误的行为，又或者不良行为。但在阿德勒心理学中，却使用了"不恰当的行为"一词。

所谓恰当或不恰当，到底指什么呢？比如，我们每一个人都存在于公司、家庭或某个共同团体中，并在这些团体中做出各种行为。这些行为如果伤害到团体中的某个人，或者威胁到团体本身的存在，我们就可以将这样的行为定义为"不恰当的行为"。

在很多场合，这些行为与我们一般说的恶劣行为、错误行为、不良行为一致。但是评价一个行为恶劣或是错误，多多少少包含着一些主观性的判断。这个行为恶劣，那个行为不对，或者不喜欢某种行为，都会受到评价者主观意识的影响。换句话说，会有个人喜好问题的存在。

但是"不恰当"这一说法，有着更为客观的评价标准。因为不是根据主观喜好，而是根据这一行为导致的最终结果是否对团体产生破坏来判断行为是否恰当。

首先，我们主要来谈一谈孩子的不恰当行为。在我们养育、教

育孩子时，时常会发现孩子各种各样不恰当的行为。这时，我们应该如何应对、如何处理呢？

为了方便读者理解，这里举了孩子的例子，但大家也可以认为成人的情况其实也基本相同。

对自己不恰当的行为并不自知的情况

当孩子出现不恰当的行为时，最先应该考虑的是孩子是否知道自己的行为不恰当。比如，当你发现一名初中生在抽烟时，你去教育他"初中生吸烟是不好的哦"，这时他是否会说"啊，这样吗？我不知道抽烟不好。那我从今天起就不抽了"？可能不会有人这样说，只会说"我知道呀"。知道不好，但还是在做，这种情况就是对不恰当的行为有自觉，却明知故犯的表现。

但是，再小一些的孩子，当他在欺负小蚂蚁时你跟他说"你这样做的话，小蚂蚁会痛哦"，他或许就会回应一句"这样啊"，然后停下来。这种情况，就是因为孩子并不知道欺负蚂蚁到底是不是不恰当的行为，经过教育后才明白，原来这是不恰当的行为，是对生命共同体的一种破坏。

如果当他做出一种行为时并不知道该行为不恰当，那么应该告诉他这种行为是不恰当的，并教给他恰当的做法，孩子通常会接纳并改正。但这种因为不自知而犯错的行为，几乎仅限于婴儿或幼儿。当孩子上了小学后，这种情况的犯错就很少见了。小学生以及年龄更大的孩子在做出不恰当的行为时，基本上都是明知道不恰当，却依然去做的情况。

 对自己不恰当的行为有自知的情况

那么，明明知道这样做不恰当，为什么还要去做呢？首先，有一种情况是孩子并不知道恰当的做法是什么，于是迫于无奈或情不自禁地做了不恰当的行为。比如，学校布置了练习题作业，但孩子不会，做不出来。没办法，孩子在作业本上随便写写画画地交了上去。这种情况就是孩子不知道恰当的做法而做出了不恰当的行为的例子。此时，我们应该教会孩子恰当的做法，孩子知道恰当的做法后通常会改正之前不恰当的行为。但其实，这种情况也相对少见。现实生活中，更多的是既知道这样做不恰当，也知道恰当的做法是怎样的，却仍旧做出了不恰当的行为的情况。

知道恰当的行为该怎么做，却选择了不恰当的行为，到底是怎样的情况呢？第一种情况是当一个人认为恰当的做法无法达到自己的目的时，会选择不恰当的行为，这种情况极为常见。比如，在学

校考试中抄袭旁边同学的答案，这是不恰当的行为，而且孩子深知这一点。换句话说，孩子很明白恰当的行为是不抄袭，靠自己的实力完成考试。但尽管知道这一点，还是抄袭了。为什么？因为恰当的做法并不能达到目的，即考得一个好成绩。考不到好成绩，就会被教训。

很多孩子的不良行为都属于这一类，这些孩子失去了勇气，不再相信恰当的行为可以使自己达成目标。

通过"给予勇气"的方式纠正不恰当行为

阿德勒心理学认为，人做出不恰当行为的最根本的原因是丧失勇气。

通过恰当的行为去达成目标其实需要很多的勇气。采用不恰当的、对共同体具有破坏性的行为，即反社会的方法来达成目的反倒不需要任何勇气。

所谓问题少年，其实是一群失去了勇气、胆小的孩子。他们看似行为粗暴、勇敢，其实是因为他们感到通过恰当的、被社会允许的行为已经无法达到自己的目的了。

面对这些失去勇气的孩子，给予他们勇气十分必要。

讲到给予勇气，大家可能会认为就是鼓励对方，但其实这两者是不同的。"你可以的，一定没问题的"，像这样将尚未达成的事情说得好像一定会达成似的，不能被视为是给予勇气。

不恰当的行为为何很难改正？

有些孩子明明知道某种行为不恰当却还是在做，并且通过这种不恰当的行为达成了目标。因为有时一些目标只能通过不恰当的行为去达成，通过恰当的行为无法达成。这种情况最令人头疼，很难改掉不恰当行为的孩子基本都属于这种情况。

很多老师和父母来找我咨询，说"这个孩子怎么都改不掉这个坏毛病"。比如有的孩子是喜欢欺负别人，有的是喜欢逃课，有的甚至成为不良少年。这些老师或父母说："我们也苦口婆心地劝过了，能想到的一切办法都试了个遍，可尽管这样，孩子就是不改呀。"

这种情况，我认为其实并不是"尽管这样"，而是"正是这样"孩子才不改的呀。正是因为啰里啰唆地去教育他，想尽各种办法去帮助孩子，孩子才不去改掉这些不恰当的行为。因为这些孩子的目的，可能正是想通过这些不恰当的行为去从大人那里得到关注，吸引大人做出上述行动。

✊ 不恰当行为背后的目的

我们不妨思考一下，通常情况下，这些不恰当的行为，即俗话说的不良行为，乃至反社会性质的行为，它们产生的原因是什么？孩子为什么会做出这样的行为？这种思考在心理学上又被称作"原因论"，很多心理学都是站在原因论的角度去思考分析的。但我认为，这种思考方法在实际的育儿、教育、咨询等方面，基本上发挥不了作用。

比如我们来看看孩子逃课的问题。通常孩子不愿去学校上课的原因有两点。一是社会性原因。比如，在学校受到校园霸凌，或者学习成绩不好，又或者和老师关系不好，甚至可能是因为学校体制、教育部制度等问题，可以无限探究下去。这些社会性原因、外部原因可以看作是原因之一。那么，知道了这些外部原因，我们可以去解决孩子逃课的问题吗？一般来说是做不到的。

假设孩子遭遇了校园霸凌，那么家长找到这些实施霸凌的孩子，跟他们说："因为你们欺负他，他都不来上学了，你们以后能不要欺负他了吗？"这群欺负人的孩子能轻而易举地收手，并说"好的，那我们以后就不欺负他了"吗？

又或者这个孩子和老师关系不太好，家长去跟老师说："我家孩子好像和您相处得不太好，您能多照顾照顾我家孩子吗？"大多数的老师都会说："对不起，没有办法特殊照顾您家的孩子。"改变老师，不太现实。

那诸如学校体制问题、教育部制度问题等，更不会因为一个学生逃课的问题就轻而易举地改变，这简直无从谈起。

像这些外部原因，就算我们的看法是正确的，想要改变这些外部原因，通常也比较困难，所以无益于我们帮助孩子解决问题。

二是时间性原因。我们不妨去思考一下，孩子养成不愿上学的性格，到底是因为什么？比如，是否孩子三岁以前与他人的肢体接触比较少？是否胎教不足？或者是不是还有不为我们所知的其他原因？

但实际上探究到很久很久以前没有任何意义。比如，就算是因为孩子三岁以前的教育没有做到位，但孩子现在已经上中学了，也没有小法让他乘坐时光机回到三岁，对他再次进行教育了。

✊ 目的论视角下的心理学

综上所述，追究过去的原因，也无法帮助解决孩子现在的问题。于是，阿德勒心理学放弃了探究事物原因的思考方式。但这并不是说孩子问题的出现并无原因，只是说思考原因也无法解决问题。

基本上，所有的现代心理学理论都认为人的行为从根本上来说都有其理由。任何行为，就算是下意识的行为，其背后也一定有理由。多数心理学将这种理由看作是原因，即人的任何行为都有其原因。

　　可以说，只有阿德勒心理学，是从目的论出发的心理学。简而言之，即人的所有行为都有其目的。这些目的，有的是行为者本人并没有意识到的，有的则是有意识的目的。更多情况下，是本人并没有意识到的目的。阿德勒心理学认为，去探寻这些目的，才有可能帮助解决这些问题。

　　比如同样是孩子逃课的问题，孩子逃课的目的究竟是什么？这样去思考的话，一定能够找出解决方案，我这样说有两点理由。

　　首先，所谓目的，不再是考虑过去而是考虑未来。虽然我们无法改变过去，但未来是有可能被改变的。

　　其次，目的不在出现问题的孩子的外部环境中，而在孩子自己身上，在孩子的脑子里。因此，只要能够见到孩子，就有可能改变孩子的想法。

不恰当行为的五个目的

刚刚我们提到了未来。所谓未来，其实并不存在于客观的外部世界，而是存在于每个人的愿景之中。比如说在逃课的孩子的愿景中，有这个孩子描绘的关于自己的未来，他现在做出的行为都是朝着这个未来在前进。所以，如果是这个"目的"本身就错了，那么让他修正自己的目的就可以了。如果目的本身是正确的，只不过达成目标的方法错了，告诉孩子用更加恰当的方法去实现目标就可以了。如此一来，孩子的行为也会跟着发生变化。

像这样，从目的论出发，无论是在育儿、教育、临床，乃至职场上，都能获得100%具有实践性的、实用的答案。因此，阿德勒心理学不考究行为的原因，而是不断地去探寻行为的目的。

我们也可以这样理解，人的一切行为都有理由，换句话说，就是一切行为的背后都有其目的。

那么，让我们试着从这个角度去思考不恰当行为以及矫正这种行为的方法。

当一个孩子试图通过不恰当的行为去达成目标时，我们不妨想一想他的目的是什么。很多情况下，孩子的目的都是人际关系，比如和父母、老师、兄弟姐妹、朋友的关系。孩子希望通过自己的行

为唤起这些人的反应。例如，希望通过打架赢过别人来获得大家的尊重；通过在学校考试中故意考差来获得家长老师的鼓励；甚至孩子希望被骂……为了达成这样一些目的，孩子会做出一些恰当的或不恰当的行为。

① 获得赞扬

人天生就喜欢受到周围人的赞赏和表扬。因此，很多孩子在最初是以获得赞扬为目的开始做出各种举动的。获得赞赏这一目的本身就有问题，实际上从这一目的诞生之时起不恰当的行为就已经在发生了。为什么这样说？因为获得赞赏的背后实则包含着竞争。恰当的行为，不是基于竞争的行为，而必须是基于相互协作的行为。所以说，想要被称赞的行为，已经是潜在的不恰当行为了。

比如说学习，拼尽全力追求学问。如果学习只是为了获得他人的表扬，那就已经偏离了学习原本的目的。抱着这样目的学习的孩子，一旦没有赞扬，他就会停止积极的、恰当的行为。为什么？因为这些孩子学习的动力，原本就不是学习带来的快乐，而是被表扬后产生的愉悦。

我们常说，过度表扬孩子不太好，便是出于这个原因。当我们常用赞扬的方式培养孩子时，孩子便容易养成为了获得赞扬而行动的习惯，久而久之便不再为了行动本身的快乐而努力了。比如，将垃圾扔进垃圾箱，这是非常恰当的行为。如果此时赞扬孩子："你真棒！"久而久之，孩子便会为了获得表扬而将垃圾扔进垃圾箱。但当身边没有人表扬自己的时候，他或许就不会将垃圾扔进垃圾箱了。这一定会让父母相当困扰吧。

阿德勒心理学想要培养的孩子，是即使没有任何的认可和赞扬，即使是在谁也看不到的地方，也能做出积极、恰当行为的孩子。从这一点来看，赞扬算不上一个好的教育方法。

但是，为了获得赞扬而做出的行为，从表面上看不出有什么不当。为了获得表扬而帮忙做家务、为了获得表扬而努力学习，这些行为本身是积极的，并非不恰当的。只不过其行为的目的有些问题。

② 博得关注

孩子抱着会被表扬的目的去做了某种努力，结果却并没有如期获得表扬，又或者在和别的孩子的竞争中输掉，其他孩子获得了更多的表扬而自己并没有，当这样的事情发生时，孩子会怎么做呢？可能会更加努力，以此来争取获得表扬。但如果无论怎样努力，都无法获得赞扬时，孩子又会怎么做呢？他们可能会为了获得关注，而争取被骂，做出不恰当的行为。

这里的"关注"并不是因为做了好的事情被关注，而是因为做了不好的事情、不恰当的行为而被关注。不恰当行为的目的，最初

是希望获得赞扬，当这一目的无法达成时，第二个目的变成了获得关注。于是，孩子开始以博得关注为目的而做出一系列不恰当行为。

经常有孩子喜欢在教室里捣蛋，或者总是忘带作业。这样的孩子，多数情况下是希望通过这些行动从老师那里获得更多的关注和特殊的关心。

因此，对于这样的孩子，老师越是责骂、越是关注，孩子反倒越是开心。此时，孩子的内心想法往往是"我得不到表扬，也没办法通过积极的、恰当的行为和老师处理好关系，如果我普普通通的话，就会被无视，在这个教室里就没有了自己的立足之处。与其那样，倒不如做些不恰当的行为，获得老师的关注吧。被骂至少也是老师对自己的一种关心。这样也能确保自己在教室中的存在感"。

家庭中也是同样，"和其他兄弟姐妹比起来，自己很少被表扬，能力也无论如何都比不上他们"，这种情况下，孩子往往会通过做出不恰当的行为，让父母责骂自己，来提升自己在家中的存在感。

我在另一本书中也提到过，人类的终极目标，就是找到自己在集体中存在的价值，找到属于自己的位置。为了达到这一终极目标，又会制订一些更具体的小目标，如获得赞扬、博得关注等。现在我们所讲的，就是这些小目标。

那么，到了博得关注的这一阶段，孩子的行为已经是显而易见

的不恰当了。你越是苦口婆心教育他，他越是会坚持这些不恰当的行为，这令不少父母头疼不已。❶

③ 掌握权力

那么，如果当孩子已经发生不恰当的行为，作为父母，我们强迫、压制孩子，直到逼得孩子无法再做出不恰当行为，这种做法如何呢？又或者，我们无视孩子，不和孩子发生任何交集，这种做法怎么样呢？其实，无论哪一种，都会让孩子的目标进一步升级，即开始争夺权力，想要证明自己比对方更加强大。孩子到了把大人当作对手，想要争夺权力、掌握权力的阶段，这便是孩子做出不恰当行为的第三阶段目标。

开始争夺权力的孩子，和想要引起大家注意的孩子有明显的不同。具体哪里不同？不同在被孩子当作对手的老师、父母等大人对孩子的感情上。

对于只想要获得关注的孩子，大人其实没有太多情绪。或许会觉得孩子很吵、不太听话，但并没有真正地生气。因为这样的孩子往往会下意识地把自己行为的度控制在不让父母发火的程度之内，

---

❶ 孩子被责骂则会产生怨恨，为了反击对自己充满控制欲的父母，会与父母变得敌对，并想方设法报复父母。这种互相之间没有尊重可谈的育儿方式，会让孩子学会一些阴暗的行为，甚至会让孩子认为蛮力才是最为重要的。——鲁道夫·德雷克斯（Rudolf Dreikurs）

会在父母真正发怒前主动停下不恰当的行为。然后过一段时间，又开始做出不恰当行为，父母只会觉得烦心："这孩子，真的是够了。"

但孩子一旦开始争夺权力，就会去证明自己比大人更加强大，会积极主动地挑衅大人。结果就是大人动真格地对孩子生气了。一旦大人觉得自己是真生气了，我们便可以理解为孩子已经开始追求第三阶段的目标——权力。

④ 伺机报复

在第三阶段如果大人们处理得当，当然能使孩子的行为得到改善，但有些大人会选择用权力去压制权力，彻底把孩子逼向极端。

我认为大人最好不要和孩子争吵。和孩子吵架，无论输了还是赢了，大人都很难办。和大人吵架输了，孩子反省自己的可能性大概是 0.01%，孩子只会变得阴暗然后开始伺机报复。

到了这个时候，孩子不会明面上和大人对着干，反而是在大人看不到、管不到的地方去做能够伤害到大人的事情。多数不良少年，都是处于这一阶段的孩子。一些逃课的孩子，也都是处于这种心理阶段的孩子。

当孩子明白在权力争斗中不可能取胜时，便会转化为第四阶段——报复。

⑤ 令人失望

如果在伺机报复阶段父母仍旧没能给孩子适当的援助，孩子就会进入第五阶段，也是最后一个阶段——做出一系列行为让父母失望，让父母不要再对自己抱有任何期待，让自己好像被放弃一样，但其实这也是证明自己存在感的一种方式。

处于这一阶段的孩子会有哪些具体的行动呢？比如，把自己关在房间中不出来、不和家人说话、饭送到嘴边了才吃两口、既不洗澡也不换衣服。其实，孩子还是作为一个令父母感到头疼的家伙，在这个家中找寻属于自己的最后一处场所。

✊ 不恰当行为整理

不知道这种行为不恰当	告诉他这种行为不恰当，并给出恰当行为的替代方案		
知道这种行为不恰当	不知道恰当的行为是什么	给出恰当行为的替代方案	
	知道恰当的行为是什么	认为通过恰当的行为无法达成目的	给予勇气，认可他已经努力达到的效果，以及用于挑战的态度，帮助他设定更为现实的目标
		已经通过不恰当的行为达成了目的	不再充当他做出不恰当行为时的对手，只认可他所做的恰当行为

不恰当行为的目的

不恰当行为的目的	对手的感情	在集体中扮演的角色	对策
获得赞扬 "喂，表扬我呀"	想要表扬	优等生 / 拍马屁的人	认可孩子做出的贡献而不是输赢
博得关注 "如果不能得到表扬的话，至少得让你骂我呀"	感到厌烦	喜欢恶作剧的人	只关注孩子做出的恰当行为
开始争夺权力 "我是绝对不会输给你的"	生气	校园暴力者 / 英雄	停止和孩子吵架
伺机报复 "如果不能赢过你，至少要伤害到你"	受伤	性格怪僻者 / 心眼坏的人	静观孩子做出的恰当 / 不恰当行为
展现消极态度 "不要对我有任何期待，让我自生自灭吧"	绝望	差生 / 掉队生	守护孩子静待时机

不恰当的行为中一定存在"对手"

各位读者请注意，以上五个阶段的任意一个阶段的行为，都是针对特定的对象而做出的。也就是说，不恰当行为不可能是在"真空"中自己一个人的独角戏。或许有人会认为孩子就是性格不好所以做出了不恰当行为，这种理解是不对的。换句话说，做出不恰当行为，不是因为孩子的内在因素，而是因为孩子周围的特定人物，多数情况下是身边的大人。孩子做出不恰当行为的原因，正存在于他们和身边大人们的相处模式中。

比如，有一个不良少年的盗窃团体，他们会偷大人们的钱包，但他们却从不偷自己同伴的钱包。这是为什么呢？因为大人们是敌人，是他们报复的对象，而自己的同伴不是。如果真的是因为孩子的内心腐坏、性格有问题而盗窃的话，他们应该是不顾对象，谁的钱包都会偷。但孩子们，或者说不限于孩子，所有不恰当行为都是明确区分了对象后并针对特定人物而做出的。阿德勒心理学中将这样的特定人物称之为"对手（opponent）"。希望读者可以理解，不恰当行为是面向对手而做出的，具有人际关系性质的行为。

通过"对手"的情绪去了解不恰当行为的目的

当我们发现孩子做出不恰当行为时，必须要去分析孩子究竟在试图从谁那里得到怎样的反应。

此时可以通过两种方法进行分析。

询问"对手"的情绪

比如，以获得赞扬为目的而行动的孩子，他的"对手"通常会忍不住想要表扬孩子。因为孩子表现不错，便忍不住想说："××真棒！"

试图博得关注的孩子，他们的"对手"会觉得孩子很吵、很烦。因为孩子总是弄出些动静让大人们心烦意乱，但此时大人们并没有真的生气。

等孩子到了试图争夺权力的阶段，他们的"对手"会真的动怒，想要和孩子争吵。

以报复为目的的孩子的"对手"，则会因为被报复、受伤害而情绪不好。比起生气，更多的是忧郁、不安，情绪非常低落。

而以让大人失望、绝望为目的，展现自己多么无能、多么无力的孩子，他们的"对手"如果正中孩子心意，则会感到"这个孩子已经没救了""这个孩子我已经管不了了"等，心情绝望。

通过调查这些"对手"的情绪，去获知孩子行为的目的，这是方法之一。❶

询问本人

另外一种方法，也是临床上经常使用的方法，即尝试询问孩子本人。

曾经有一个上高中的女孩子，才刚刚上高中不到三个星期，就开始逃课。很幸运，在她开始逃课一段时间后，我见到了那个孩子。

于是，我问她："难道你是为了报复班主任才逃课的吗？"我为什么这么问？因为这个孩子被班主任欺负了。她因为在走廊遇到老师时没有礼貌地问好而被叫出来，班主任教育她："你为什么无视我？你对待老师的态度太差了。"而这个孩子自尊心又特别强，

---

❶ 其实，很多父母都被孩子控制着。孩子掌控着父母情绪的开关，随心所欲地让父母生气抑或喜悦。这样的父母对于孩子来说更像是一个有趣的玩具。

于是开始对抗老师，辩解道："我又不是故意的。您也没必要这么说我吧。"班主任又继续说："狂妄自大，之前就觉得你狂妄自大了。就你这样的学生，不来学校也罢。"于是从第二天起，孩子就不再去学校了。

通过这件事情我了解到孩子对那位班主任非常生气，她不直接和老师争吵，而是把自己关在家里，我想这是不是就是孩子在报复班主任呢？于是那样问了她。

这时，孩子仿佛恍然大悟一般，特别惊讶："就是这样。我才意识到，原来我是想报复班主任。"这便是孩子在下意识中做出的行为。只有在被别人说中时才会意识到"啊，原来是这样"，自己一个人是意识不到的。

因为孩子已经意识到了自己的目的，那接下来要谈的，就是不去学校这个行为究竟是不是报复班主任的一个好办法了。虽然孩子已经开始思考退学、转学的事情了……

我这样建议她："你退学或者转学，真的能伤害到班主任吗？伤害不了吧。如果拿这个当作报复的手段，恐怕不是好办法。那该怎么办才算好的报复办法呢？我觉得你就应该去学校，然后按照你自己的行为准则去行动。不管班主任说什么，你都告诉他'反正我的想法就是这样'，如果他说让你别上学了，你就说'只要我父母替我交了学费，我就有来上学的权利'。如果班主任冲动起来对你使用暴力了，你就去校长办公室，然后问校长这个学校里老师对学生使用暴力也是被允许的吗？"

那个女孩子觉得这是一个有效的办法，接纳了这个建议，此后第二天开始恢复上学。之后在学校虽然也遇到了一些问题，但总之她不再抗拒上学了，她的利益不再被侵害，学习没有落下，也没有被朋友疏远，这件事情便这样解决了。

🖐 与孩子群体的关系

我时常认为，孩子们的可怜之处在于当他们处于报复心理阶段时，往往是通过伤害自己的方式来报复大人们。就算要报复，那么至少希望他们不要再以伤害自己的方式来进行报复。当然，最好的方式肯定是希望他们停止报复……刚刚的例子或许会有读者觉得奇怪，但这确实是孩子如何做出报复行为的生动例子。

无论如何，巧妙地试着去询问孩子本人究竟处于哪一个阶段，是权力争夺的阶段，还是伺机报复的阶段，一问便知。

孩子针对"对手"做出上述行为——寻求赞赏、寻求关注、争夺权力、伺机报复、表现自暴自弃等，都一定是在孩子的群体中扮演着特定的角色。这一点在学校教育中，考虑班级的环境时极为重要。

换句话说，以寻求赞扬——"喂，表扬我呀"为中心而行动的

孩子，在群体中有的会扮演优等生的角色，其他部分人则扮演善于阿谀奉承的角色。如果得不到赞扬，那么希望自己被骂的孩子则往往扮演爱调皮捣蛋、爱恶作剧的角色，这样的孩子多数情况下都非常受同学欢迎，当然有时也会遭人厌烦，但很少有遭受同学排挤的情况。

对大人说"我是绝对不会输给你的！"并开始争夺权力的孩子，虽然或许有些暴力倾向，但更多的是想成为某种意义上的英雄。这样的孩子在群体中比较受大家的喜爱。但到了报复阶段，如果赢不了至少也要伤害对方的孩子，通常对待同学时也会充满恶意，成为性格乖僻的人，即把全社会当作自己的敌人。因此，通过孩子在群体中扮演的角色不同，也能轻易判断出孩子是处于争夺权力的阶段，还是伺机报复的阶段。

到了第五个阶段，孩子变得消极无力，以让大人"不要对我抱有任何期待，就让我自生自灭"为目标而行动的孩子，则会从群体中掉队，总是以一个人孤零零的方式存在于群体中。

不恰当行为的处理对策

那么，我们该采取怎样的对策，才能真正帮助到孩子呢？

首先，对于处在寻求赞扬这一阶段的孩子，要让他意识到，在和同伴的竞争中胜出了就想要得到表扬，这种思考方式是有问题的。表扬不应取决于输赢，而应取决于对集体做出的贡献，帮助这类孩子要帮助孩子修正他们自己行为的目的。

恰当行为的唯一目的，可以看作是对集体做出贡献。那么对于寻求赞扬的孩子，要让他们去寻求贡献，亲身体会做出贡献后的喜悦。

对于希望获得关注的孩子，要做到关注孩子的恰当行为，并同时做到无视孩子的不恰当行为。如果只是无视了不恰当行为，却没有关注孩子的恰当行为，从过往经验来看会促使孩子恶化到下一个争夺权力的阶段。

对于以争夺权力为目的而行动的孩子，先要做到不要与孩子争吵。如果无论如何都忍不住冲动，建议大人先撤离当下场合，等到冷静之后再与孩子交谈。

✊ 报复阶段需要第三者的帮助

对于处在第四阶段，即以报复为目的而行动的孩子，很抱歉，作为孩子"对手"的大人，已经无法独自应对了。因此，无论是孩子的恰当行为还是不恰当行为，"对手"都请先静观其变，不要做出任何反应。此时只能与孩子进行最低限度的沟通交流。

虽然我经常说"去理解孩子的心情吧，多和孩子对话吧"，但孩子在报复心理阶段，来自"对手"的任何话语都是有害的。或者说，来自"对手"的任何信息，都会因为他们乖僻的性格而被恶意曲解。他们没办法客观地听"对手"说话，所以这时只能减少沟通以求共存。因此，对于这一阶段的孩子，无论如何都需要除"对手"以外的第三者的帮助。

孩子只对某人有报复心理，对其他人并没有，这种情况十分常见。此时，我们需要和孩子拥有良好关系的其他大人的帮助。没有第三者的帮助，基本无法解决孩子的问题。

对于处在第五阶段，让大人不要再对自己抱有期待，采取自我放弃态度的孩子，我们只有等待时机。这时，不管我们对孩子做什么，都只会挫败孩子的勇气。

这一时期，其实即便是善意的第三者，也很难介入其中。只有接受过专门训练的心理学专家才能很好地与孩子保持良好的关系。因为涉及专业术语，所以这里不多加赘述。简单来说，就是通过与孩子保持特殊的人际关系来援助孩子并非不可能，只不过，只有接受过特殊训练的人才能完成这一援助。

综上，当孩子处于寻求赞赏、寻求关注和争夺权力的阶段时，作为"对手"的老师、父母能够通过改变自己的行动来进一步改变孩子的行动。但到了伺机报复的阶段，只是"对手"改变自己的行为，已经不足以帮助孩子了。

因此，希望各位大人一定不要把孩子逼到伺机报复的阶段。在孩子处于争夺权力的阶段时，就不要与孩子争吵了，而要去营造一个能够冷静谈话的环境。如此一来，不需要专家的援助也能够解决孩子的问题。

当问题发生后再慌慌张张，为时已晚。比治疗更重要的是预防。所谓尚能预防的最后一步，便是孩子进入权力争夺阶段的时期。等到孩子进入自暴自弃阶段，哪怕专家介入，不花费一至两年的时间，孩子的情况也很难得到改善。

Q&A

——您前面说到要多关注孩子恰当的行为，可有的孩子做的全都是一些不恰当的行为，没有做恰当的行为，该怎么办呢？

恰当的行为本就不那么显眼。比如，早起就是恰当行为的表现，和家人一起吃饭、去学校、平安从学校回到家，甚至在外面开心地玩并按时回家、到了晚上按时洗澡等都是恰当的行为。

在家庭或学校日常生活中被认为是理所当然的行为，孩子能够好好地做到，本身就是恰当的行为。因此，如果当孩子早晨早早地起床时，希望父母能够说上一句"不用爸爸妈妈叫你也能早起，真是个好孩子呀"。或者，当孩子元气满满地从学校回到家中，希望父母对孩子说"今天在学校也好好念书了呢""看到你这样健康快乐妈妈就很开心呀"。希望父母在这样一些理所当然的事情上多多关注孩子。

恰当的行为，不是做出什么特别的、恰当到惊天动地的事情，日复一日正常的行为便是恰当的行为。

——随着孩子年龄的增长，孩子不恰当行为的目的会发生变化吗？

一定程度上会的。

前面提到的五个阶段，大致是以十岁以下的孩子为对象进行设定的，所以可以理解为小学阶段孩子的不恰当行为阶段。

初中生和高中生会有几个附加的目标。比如以追求兴奋、亢奋为目的的行为：骑摩托飙车以获取刺激感。在这一时期，还有特别重要的一个目的就是和朋友在一起，只是单纯地和朋友在一起。想要和朋友待在一起以建立更深的关系，这一目标有时会成为不恰当行为的主要原因。

但是，如果深刻理解前面提到的五个阶段，就会发现这些目的也能归结到这五个阶段上。比如念高中的孩子，交往了父母并不看好的朋友，父母通常会说："不要再和那个人来往了。"但如果孩子还是坚持继续交往，那么此时，孩子对待父母的态度便是与之争夺权力。如果听从父母的话不再与朋友交往就是自己输了，如果继续交往则是赢了。

只要认真审视孩子与父母之间的关系，基本上都能联系到前面提到的五个阶段。

Ways to
Give Courage

顺带说一下，在孩子恢复的时候，也不是说按照五个阶段的反向依次恢复。有时可能从自暴自弃的状态突然跨越到积极做贡献这唯一正确的目的取向。

　　曾经有个孩子，在进入高中一年级仅一周后便不愿再上学，把自己关在家里几乎三年，整个人也有气无力。我有缘见到了这个孩子。一年多后，他开始找工作（之前也找过好几次但并未坚持到最后），最终在一家餐厅开始上班。店长非常喜欢他，有一次还对他说："这个店真是没你不行。"从那时起，他彻底改变了。

　　自打他出生以来，他第一次感受到自己被需要，用我们的话说，就是开始有了贡献感。也是从那时起，他拥有了健全的人格。像这样，他从自暴自弃的状态一下子跨越到以追求做贡献为重心的状态，建立起健全的人格，中途没有反向经历过权力争夺、伺机报复的时期。

　　——同一对父母养育、生活环境也基本一样，对于同一件事情，为什么有的孩子会做出不恰当行为，而有的孩子则会做出恰当的行为呢？

　　这可能与兄弟姐妹间的竞争有关。

　　为了得到父母的赞赏，孩子们之间存在竞争关系。一旦孩子觉得除自己以外的其他兄弟姐妹获得了更多赞赏，而自己无论怎样努力也比不过他们时，孩子便会逐渐做出以博得关注、争夺权力为目标的不恰当行为。

顺带一提，如果兄弟姐妹全员都做出了不恰当的行为，那可能是整个家庭的价值观出现了问题。这在之前也讲到过，比如出生在父母都是犯罪者的家庭中的孩子，更容易养成一些具有犯罪倾向的价值观，全员更容易做出不恰当的、反社会的行为。

但是，如果兄弟姐妹中只有一人偶尔做出不恰当行为，其他孩子都没问题的话，则可能是家庭氛围方面有问题，而不是价值观上的问题。换句话说，孩子们都理解什么是对的、什么是错的，只不过家庭营造了一种兄弟姐妹间竞争的氛围，在孩子们的竞争中，有的赢，有的输，那输掉的孩子就可能会开始做出不恰当的行为。

第 4 章

培养孩子的
个性发展

孩子的心理成长与各个阶段的勇气给予

接下来跟大家谈一谈，孩子在各个年龄段会发生怎样的事情，这时父母又能做些什么？

 婴儿期的心理成长与勇气给予

人的成长可以划分为好几个时期。特别是孩童时代，划分得更加复杂与细致。最早的阶段是婴儿期，接下来是幼儿期，再然后是儿童期与青春期。

青春期尤为复杂，在心理学上，青春期又被划分为四个时期。第一个时期是前青春期，即青春期之前的一段时期。第二个时期是青春期的前半期，第三个时期是青春期的后半期，第四个时期则是前成人期。

孩子具体在几岁开始进入相应的时期？答案是因人而异的，有的孩子会更早地从婴儿期进入幼儿期，有的孩子则会晚些。决定孩子成长阶段的既有孩子自己的原因，也有周围环境给予的影响，所

以每个孩子的情况都不尽相同。

那么，我们根据什么判断孩子从婴儿期进入了幼儿期呢？从孩子学会说话开始，就已经进入幼儿期了。这里的会说话，指的是能说两个词语以上的句子。比如"拿／这个""吃／饭饭"等。能够说出这样的句子，即算作会说话了，如果只能一个词一个词地往外蹦，尚不能认为是会说话了。

但是，不会说不代表听不懂。

曾经，在一个聚会上，一位母亲用婴儿车推着一个一岁的小宝宝来了。在起初的一个小时，宝宝都很安静。但渐渐地宝宝开始发出声音，且声音越来越大。终于到了休息时间，我走到那个婴儿旁边，跟他说："你是听了我的演讲很开心，所以发出声音支持我，对吧？谢谢你呀，我很开心。但如果接下来的时间你能再稍微安静一些地听我说话的话，我会更开心的。怎么样？"结果，接下来的演讲中，他一直都很安静。虽然大家都说："欸？！不会吧？"但这就是事实。

我的秘书养了一只猫。因为猫不劳动（虽然猫一般都不劳动），秘书开始教育猫咪要劳动："你已经是一只成年猫了，不要再每天晃晃悠悠，自己要吃的东西该自己弄了。"结果据说第二天早晨，猫咪真的叼回来一个鱼头，还好好地摆在了厨房。连猫都能听懂人话呢。

猫和一岁的孩子比，谁更聪明？答案是一岁的孩子要聪明得多。连猫和狗都能听懂话，一岁的孩子不可能听不懂。因此，你就说就好了。但尽管如此，大家还是不说，这就是大家在小看婴儿。

如果能够建立平等的横向关系，尊敬孩子、信赖孩子，就能像和大人一样和孩子交流。哪怕是不到一岁的孩子，如果跟他说："对不起呀，妈妈现在很累，能拜托你现在不哭了吗？"孩子会听话的。这是真的，因为我就是这样把我的孩子养大的。我从孩子几个月大的时候就开始拜托他，孩子也总是能乖乖听我的话。

所以，婴儿并不是没有语言。大概在两个月时，他们就开始理解大人说的话。在此之前，或许有些困难。等孩子到了一岁，他们基本上就能听懂我们日常的绝大部分对话了。但此时他们还没有自己开口说话的能力。能够完全用语言表达自己的想法，是在进入幼儿期之后。

如何给予幼儿期的孩子勇气？首先，不能责骂。无论什么场合，都不要责骂。很多父母在孩子面前容易变得冲动，带着这份冲动让孩子去做一些事情，这是相当不好的。当孩子"哇"地大哭时，父亲厉声道："哭什么哭！不许哭！"孩子反而哭得更厉害。没有比这更愚蠢的了，明明拜托孩子就可以了。

生气的目的是希望孩子停止哭泣。所以，只要耐心地跟孩子说"爸爸对不起你呀，但是现在已经半夜了，你能帮爸爸个忙，不要哭了吗？"就可以了，如果不信的话，不妨亲自尝试一下。

在孩子身上发泄愤怒的情绪，总是冲动地和孩子沟通，这样的

做法是不可取的，太把孩子当孩子也是不好的。那么，我们究竟该如何给予孩子勇气呢？总之，要先给予孩子足够的互动和关心，比如陪他玩耍、和他说话等。

多多和孩子说话吧，他一定听得懂，即便他瞪着一双茫然的大眼睛，他也能听明白你的话。虽然之后他不会记得，这个阶段的孩子还没有将一件事物长期记忆的能力，大脑还未发育完全。所以，不管父母说多少遍，孩子还是会忘掉。但他们每次都兴致勃勃地听父母说话，大脑也正是在这种反复中逐渐发育完善的。

父母对孩子说更多的话，孩子会变得聪明。父母对孩子说的话少，孩子可能连原本应有的聪明程度也无法达到。

最好也尽可能多地和孩子进行肌肤接触。虽然不这样做也没有什么问题，但这样做了更好，孩子会因此获得成长的动力。

给孩子讲更多的故事，多和孩子聊天，多和孩子玩耍，增进肌肤接触吧！

幼儿期的心理成长与勇气给予

到了幼儿期，孩子开始能够理解语言，记忆力也变好，能够记住最近发生的事情。

关于儿时，有些人从三岁左右开始有记忆。也就是说，从这一时期开始，孩子具有了长期记忆的能力。在这以前，孩子虽然明白发生了什么事情，但记忆似乎不会积累。

一般来说，孩子在三岁左右进入幼儿期。这时的孩子很多事情都可以自己做了，就放心大胆地让他们自己去做吧。

但是，此时的孩子还没有预测的能力。所以，他们无法推测做了某件事情后结果会怎么样，因此，他们会若无其事地去做一些危险的事情。让他们去做一些稍稍有一点点危险的事情也是好的，他们会因此得知，啊，这样做了的话会让自己很疼。于是下次就不会再做了。但是，孩子如果想着"从公寓九楼跳下来会怎么样呀，好像很有趣的样子"，这就太危险了！因此，看住孩子，不要让他们去做性命攸关的、会受重伤的事情也是每一个父母的责任。

和孩子多说话、多一起玩耍，这些事情要和孩子婴儿期时一样继续保持，但不同的是，要渐渐地停止过度保护孩子。为人父母，总是习惯性地把孩子当婴幼儿看待，无论孩子长到多大，我建议在孩子进入幼儿期之后，只需要保护好孩子的生命安全，其他事情一律不要帮孩子做了。

有些母亲，明明孩子也没开口提要求，自己就想着"孩子一定希望我这么做""孩子一定是这么想的"，然后把事情一件又一件地帮孩子做好，我认为这样完全没有必要。

前面也说到过好几次，人类如果不通过语言传达自己的想法，是无法以心传心、心意相通的。但如果母亲帮孩子把一切都做好

了，孩子会学到什么？会抱着怎样的想法成长？他们会认为周围的人都能理解自己的想法（即使自己不说）、会关心自己、会揣摩自己的心思、替自己解决问题等，把这些当作理所当然。有了这样想法的孩子，在今后可能会出现相当大的问题。

想吃东西了、想睡觉了、想看电视了……这种程度的需求还比较好理解，问一句"要吃点什么吗？"然后给孩子一点吃的，这样的事父母还能做到。但等孩子上了中学，孩子的愿望就会变得非常复杂，父母不是轻易就能弄懂的。或者说，当孩子遇到人生的瓶颈时，即使父母想替孩子做点什么往往也做不到。

家里的小学生说自己交不到朋友，还可以带去隔壁小明家，跟小明说"来，和我家孩子一起玩儿一会吧"，但上了高中的孩子说自己没朋友，再带去隔壁小明家说"和我家孩子玩儿一会吧"，小明只会说："阿姨，您对您家孩子也太过度保护了吧。"

那些想问一问孩子的话

随着孩子的成长，父母渐渐地不再能替孩子解决他们的问题。幼儿期或者儿童期，总是父母替孩子解决大量的问题，这样的孩子可能会缺乏独立解决问题的能力。而且，他们会认为父母替自己解决问题是天经地义的，即使自己什么都不说，父母也应当明白自己的心思。

当孩子因为被同学欺负不想去上学而苦恼的时候，父母问一句："怎么了？"孩子会说："我都这么烦了！我不说你们也应该明白吧！"但这种事儿，父母不可能明白。假设就算是明白了，孩子青春期的问题，父母也无法替孩子解决。于是，孩子就会生气发火："我都这么难受了，你们怎么都不帮我？！"有的甚至还会殴打父母。所以，希望父母能够尽早地让孩子学会——自己的事情自己解决。

当然，放手的意思不是说就完全放任孩子不管。首先，绝对要做的就是保护孩子的生命安全。其次，要经常询问孩子"有什么需要爸爸妈妈做的吗？""有什么爸爸妈妈能做的，告诉我们，我们就一起帮你想办法"等。如果孩子回答"没什么要你们做的"，那就什么都不做就好。记住，切勿主动抛出具体问题，比如"其实，你希望爸爸妈妈这样做吧？"或者"吃点点心吗？还是给你端一杯果汁？要这个吗？还是从 ABCD 里选一个？"没有必要这么早就开始训练孩子高考做选择题的能力。只需要对孩子说上一句"有什

么想让爸爸妈妈做的，记得跟我们说呀"，这样就够了。

在英语中，有句话特别适合这个场景——May I help you？（有什么我能帮你的吗？）

面对孩子或者面对配偶时，说上一句"有什么我能做的，尽管告诉我"，并且，只有当对方回复了需求的时候我们才去做，如果对方沉默不语，我们就尽量什么都不做就可以了。谁都有保持沉默的权利，没有必要弄得像逼人招供似的。

要趁早教会孩子：如果有希望对方做的事情，要好好开口用语言表达出来。不要再告诉孩子即使两人都沉默不语，彼此也能心意相通这样的鬼话。正是因为有这样的育儿思想，才酿成了现今很多孩子的问题。

如果看到孩子有些悲伤的时候，问一句："怎么了？有什么妈妈能为你做的吗？"不要一上去就安慰孩子："没事儿的，没事儿的。"教会孩子通过自己的努力克服令他悲伤的事情极为重要。如果凡事都要别人安慰自己，都要别人听自己一大堆抱怨才能重新振作起来，这样的人也很令人困扰。

儿童期的心理成长与勇气给予

当孩子交到朋友时，意味着孩子进入了儿童期。由父母带着，让孩子和其他小朋友玩，这不算交到朋友。不依靠大人，完全靠小朋友们自己也能一起玩耍，这就是儿童期的象征。按照一般的成长现象来说，儿童期通常从孩子五岁左右开始。到了幼儿园大班，大半部分孩子就能开始和朋友玩耍了。小学一年级的孩子，八九成都能和小朋友们一起玩耍。

等孩子交到朋友，能够自己去玩儿了，父母就可以放手让孩子独立了。

比如上学、做作业，又或者什么时候去洗澡、什么时候睡觉等，完全交给孩子去自主管理，更能让孩子成为一个勇敢有担当的大人。因此，"该起床啦""该吃饭啦""不要迟到了哟""快去做作业""快去洗澡""差不多该睡了""不要再看电视了"等，这些都不要父母再去提醒孩子了，全部都该交给孩子自己去管理。

这便是非常好的"给予勇气"的办法。为什么这么说？因为这样做，是父母完全信赖自己孩子的表现。如果我们大人能早起的话，孩子也会学着早起。如果我们能考虑到明天的事情而早睡的话，孩子也会学着考虑明天的事情而早睡。

但是，很多父母从一开始就断定：孩子他自己管理不好自己呀，不提醒他的话他就不会做呀。你看，这时就已经形成了纵向的关系。

如果认定我们大人是好的、孩子是坏的，我们大人是对的、孩子是错的，交流起来总是会变得冲动，开始争夺权力，然后吵架、发火。

避免争夺主导权

如前文所述，幼儿期的孩子虽然有记忆，但没有预测的能力。而儿童期的孩子，有预测的能力，但这种能力尚不充分。大人们则总是忧心忡忡地、不由自主地去思考将来的事情。

小学低年级的孩子，不会主动地去预测未来，他们只活在当下。假如小学低年级的孩子就开始规划未来，想要在三十五岁时修建一个属于自己的房子，想想还挺可怕的不是吗？因为孩子的脑子里不会想这些事。但也正因如此，才需要大人偶尔给孩子一些预测未来的契机和勇气。

比如，很晚了孩子还不睡觉，就需要父母去问孩子："这么晚还不睡，你觉得之后会怎么样？"如果孩子回答："明天会起不来。"这样就足够了。之后应该怎么做，交给孩子自己去判断、去决定。完全没有必要说："如果你也这样想的话，那就该赶紧睡觉。"大人可以帮助孩子去预测，但最终需要让孩子自己去判断。给孩子一点启发就够了。

如果问孩子："不做作业的话，会怎么样？"孩子可能会回答"会被老师骂""学习会跟不上"，这样就够了。或者顺便接一句："嗯，是的，你能明白这一点就好。"但如果说"明白的话就赶紧去给我做作业呀！"，这就变成权力的争夺了。

让孩子学会去预测，这就够了。孩子自己会意识到："啊，是呀，如果睡得晚，第二天早上就起不来。如果不做作业的话，学习就会不好。"

总是被父母催着"你快去做作业"的孩子，一旦父母忘了提醒，孩子也就忘了做，到了学校被批评，然后回家跟父母抱怨："就因为妈妈昨天没提醒我做作业，害得我今天在学校被骂了。"没有比这听起来更愚蠢的事情了吧？因为做作业本来就是孩子自己的事。

我们家因为孩子老忘带东西的事情，经常和学校老师意见对立。我家孩子老忘带东西，特别是二女儿。学校老师会打电话过来说："父母要确认一下课表呀，然后早上看看孩子书包里书都带齐了没有。"我拒绝了："我们家才不做这么蠢的事儿。""那至少前一天晚上帮着孩子确认一下第二天的课表吧？""这我也绝对不会做。""那至少问孩子一声，明天上课要用的书都带齐了吗？""这我也不会做。"因为忘带东西困扰的又不是我，是她自己。何况，假设我做了，孩子反倒会误解收拾书包不是自己的事儿，是父母的事儿。一旦当我们没能提醒到的时候，孩子就会埋怨："都是因为父母没提醒，我才忘带了。"谁会希望自己的孩子变成这样呢？

因此，孩子的所作所为导致的后果，如果需要他自己承担，那就让他自己承担，我们大人一概不要插手。在儿童期，如果感到担

心，就经常问问孩子"这样做会有什么后果？"，这样就足够了。如果不这样做，孩子长大后往往会缺乏勇气。

前青春期的心理成长与勇气给予

青春期通常从十岁左右开始，进入青春期后，孩子会结交到要好的朋友。进入青春期的标志，不是说有了性意识。在对异性产生兴趣之前，便已经进入青春期了。此时，孩子和朋友们的交往方式会发生变化，简而言之，他们会建立小团体。

小学低年级时的朋友，通常是人数众多的、男女混合且开放式的团体。玩的时候不确定每天要玩什么，通常"哇"地一下子聚集在一起，昨天还在打棒球，今天又开始跳绳了，结果第二天又一起在家看电视。来家里一起玩儿的孩子每次也都不太一样，突然来了一个从来没见过的孩子，以前总来的孩子突然这次没来，这样的情况也时有发生。在小学生打棒球时，大人如果在一旁说："让叔叔也打一把吧！"他们会很乐意地让大人加入，这就是所谓开放式的团体。

但到了小学五年级及中学后，团体的人数首先会减少，最多也就五个人左右，偶尔也会有人数更庞大一些的团体……少的情况也许就两个人。并且，通常是同性的团体，要么都是男生，要么都是女生，且这个团体是封闭的，总是同样的成员，有固定玩耍的主题。根据主题的不同，分成不同的团体。因此，如果是学习团体，就只在一起学习，如果是游戏团体，就一起去玩游戏。他们会让人觉得他们总是在不厌其烦地做着相同的事情。游戏团体的孩子想要加入学习团体，基本上是不可能的。因为这时的团体是封闭的，某个团体的孩子绝对无法加入其他的团体。

团体中的成员，哪怕只缺一个，也要去把他叫出来。大人是绝对不允许加入进来的。四五个中学生兴致勃勃地打着棒球时，我们大人跑过去凑热闹说："让我也来一把！"恐怕只会被冷眼相待吧。这就是典型的青春期时的团体。

孩子交到朋友意味着父母的育儿工作结束

当孩子能够交到朋友时，我认为他就进入了青春期。父母的育儿工作在哪一时期结束尤为关键，应该是在孩子进入青春期后，尚未有性意识、总是和朋友黏在一起的这一时期。这是一个人一生成长中最为重要的时期。如果这一时期不让孩子们黏在一起，之后孩子的性格就会变得奇怪。

从大人的角度来看，这一时期是极为棘手的时期。孩子们总是想和朋友们一直待在一起，甚至想二十四小时都待在一起，所以有时候会不回家。这时，你就让他们黏在一起就好了。

有了这样想整天黏在一起的朋友，父母的育儿工作就告一段落了。至此，父母的育儿工作全部结束。换句话说，此时孩子已经成了一个完全的个体，能够和我们大人一样做同样的事情。

他们尚且不足的只有知识和经验。但知识和经验只能靠他们自己去获得，除此之外，别无他法。大人们即使去说教，也已经不管用了。所以说，育儿这件事，在孩子十岁左右就结束了。接下来，就是百分之百的"放养"。大人们需要做的工作，就是不干扰孩子们自己的学习节奏。

然而，很多父母在这一时期都会去干扰孩子，"你要这样做……

不能那样做”，这种做法相当糟糕。因为这时的孩子从精神层面来说已经是独立的成人了，大人以高姿态和他们对话，他们一定会产生叛逆心理。

这一时期，又被称作叛逆期。叛逆期其实是个伪命题。叛逆期原本是不存在的，如果非要说有叛逆期，那也是在大人们的强压之下才产生的。当大人们希望孩子按照自己的指示、自己的命令去行动的时候，孩子才会叛逆，如果大人不这样做，孩子便不会叛逆。因此，可以将这一时期称为自立期，而不是叛逆期。

青春期前半期的孩子

那么，孩子什么时候从前青春期进入到青春期前半期呢？对异性产生兴趣时，便可理解为青春期前半期，即我们所说的产生性意识时。对特定的对象产生兴趣时，则是青春期的后半期，这两者的区别其实很好分辨。当男孩和女孩两人关系很好，两人经常单独相处时，就是青春期后半期。如果两人能够跟大家待在一起时有说有笑，则是青春期前半期。当发现孩子和另一个孩子两人突然单独相处时，我就会想“啊，这家伙是青春期后半期了呀”。

对于青春期前半期的孩子，父母的育儿工作虽已结束，但仔细观察，还是会发现很多令人疑惑的事情。青春期前半期的孩子会主

动与异性交往。这时，父母也不用插手。放任他们不管，他们自己就厌倦了。

如果大人插手，那就糟糕了。一旦父母插手，就会和孩子形成对立，然后开始权力的斗争。孩子会认为如果听了父母的话，那就是自己输了。最后的结果，反而正是父母一手造成的。因为一旦父母规定了什么是对、什么是错、什么是赢、什么是输，那么孩子在听从父母说教时，就会产生自己输了的负面情绪。于是，因为不想输给父母，所以坚持不按父母说的来。这时，即使明明已经厌倦了对方，为了故意刺激父母也要继续和对方交往。这是不幸的。

父母要学会尊敬孩子

假如我们的孩子已经成为问题少年，比如由于无证驾驶摩托车被警察局传唤，我们该怎样办呢？首先，询问孩子："现在你接到了警察局的传唤，要我陪你去吗？还是我不去比较好？"然后让孩子回答。如果孩子说："一个人去有点害怕，你陪我去吧。"那就作为朋友陪孩子去。记住，作为朋友，而不是父母。因为早在几年前，你作为父母的育儿工作就已经结束了。

就算孩子成了问题少年，我认为也没有必要陷入恐慌，而是要经常和孩子保持沟通，和孩子一起决定该怎么办。如果我们想去警察局的话，问问孩子："我想去趟警察局，可以吗？"如果是孩子希望我们去，他们也会拜托我们。如果孩子要被送去少年管教所，那就跟孩子说："好好保重身体，注意健康，等你回来了再一起去玩儿。"

如果父母能有这样的心态，孩子是根本不会去少管所的。因为孩子和父母根本就不会对立。只有和父母、老师对立的孩子才会进少管所。只要孩子没有对立心理，他知道什么是对自己不利的，就不会去做那些傻事。哪怕是被其他伙伴劝说着一起做了坏事，孩子冷静下来时也会想到"糟了，这么做不对"，然后就此停手。但是，

如果父母、老师严厉训斥，向孩子命令道："不许再做那样的事儿了！"孩子就会产生一种心理设定，那就是"一旦我成了一个好孩子，那就是输给了父母、老师"，于是孩子会继续去做坏事。

我经常和同行说起，要是学校停止一切生活指导，只教知识就好了。我也经常去参加一些初中和高中的生活指导研修会，跟他们说不要再搞什么生活指导了，但他们不理会。其实，只要没有这所谓的生活指导，孩子会很乐意去上学，至于蠢事、坏事，孩子自己会分辨并拒绝。

对进入青春期的孩子进行指导，我做不到。尽管我是青春期心理学方面的专家，但我能做的，仅仅是成为他们的朋友。为他们制造一个无论在何时都能畅所欲言的环境；当他们遇到困难时，能想到"如果是那个大人的话，我就可以跟他诉说"；不主动要求他们做这做那；当他们问到我们时，尽可能诚实地回答；当他们有求于我们时，尽可能地提供帮助，这样就足够了。他们没有拜托我们时，什么都不要做。如果大家都能这样做，他们就能与我们好好相处，也能好好生活。

父母如何打开孩子的心扉

被带到我这儿来的，通常是被大众认知评判为坏孩子的孩子：有的是差点被送进少管所，经家长各方周旋又被送了回来；有的是进了少管所；有的是因为长期逃课，被学校开除学籍，说不用再来上学的……还有些是神经官能症，即精神发育障碍的孩子。按照世俗的话来说，都是一些比较难"处理"的孩子。

但我和这些孩子们相处，却从未觉得困难。如果能够作为一个完全平等的朋友去和他们交往，那么他们也会作为一个普通人来和你交往，遇到问题了找你商量，不知道该怎么办时听听你的意见。需要他们帮忙时，他们也会很乐意帮忙。

前阵子有一个女孩子从情侣酒店给我打来了电话，问我："老师，我被带到这种地方来了，怎么办呀？"我回答她："如果你不愿意的话，大胆地走掉不就好了吗？"因为她本身胆子比较小，没敢拒绝就跟着去了。去了之后，她却觉得很害怕。那时，她想到了我，觉得我能教她该怎么做，所以给我打来了电话，我很开心。试想，如果这个电话是打给父母或者老师，估计会闹得天翻地覆吧。

还有一个男孩子在约会途中给我打来电话，说："我现在和她在西餐厅吃意大利面，接下来该怎么办呀？"我问他："你想做什

么啊？"他继续说："想和她牵牵手。"我回答他："那就牵手不就好了吗？你试着问问她？"

为什么父母和老师不能给孩子这方面问题的建议呢？或者说，父母和老师为什么不能持有这样的态度呢？和青春期孩子的交往，也仅限于此了。我们只能作为朋友去和他们交往。

👋 前成年期——成为有勇气的大人

离开父母开始自立，便可以说孩子进入了前成年期。从现实来看，大概在三十岁左右进入前成年期，很可怕吧。这一时期的开始时间个体差异很大，每个人进入前成年期的时间都不尽相同。

这个时期无论是经济方面还是精神方面都脱离了父母，开始独立，已经没有必要再依赖父母，也没有必要再和父母争吵，而是作为平等的人和父母交往。你认为这大概发生在一个人多少岁的时候？现代人大概在三十岁左右。毕竟有些孩子，结婚还得依靠父母或者指望着父母，有时冲动了还会和父母顶嘴。但不知从哪一天开始，孩子能够冷静地和父母相处了。这时，意味着孩子已经是一个大人了。

为什么这一阶段会来得如此之晚呢？一方面是孩子离不开父母；另一方面，也是父母离不开孩子，无论到什么时候，都把自己的孩子当作一个"孩子"来看待。

相信各位读者也深有体会，现在的父母对孩子有多么的过度保护和过度干涉。过度保护和过度干涉都极大地挫败了孩子生而为人的勇气，那份"靠自己的力量也能生存下去，即使不依靠任何人，也能自己解决自己人生问题"的勇气。

所谓给予勇气，有很多方面的含义，比如日常生活中，夫妻间的一些交流、亲子间的一些话语，育儿乃至整个人际关系，都能涉及给予勇气。

何为有勇气的大人？是靠自己的力量，用自己的双脚走路的人。如果想让孩子成为一个这样的人，父母就应当尽早停止代替孩子走路。这便是父母给予孩子的最大勇气。这并不是说要冷漠地对孩子不管不顾，而是要积极地回答孩子的问题，在孩子希望得到帮助的地方我们尽可能地提供帮助。

育儿与教育中必要的"两 Z 两 S"

～～～～～～～～～～～～～～～～～～

想要培养人格健全的孩子，基于阿德勒心理学的学校教育应当秉承怎样的理念呢？在这里，可以将其归纳为"两 Z 两 S"（这里的"Z"和"S"指的是尊敬、责任、社交、生活力的汉字拼音首字母）。

第一个Z——尊敬（Zūn jìng）

首先，第一个Z——"尊敬"。

我们可以试着将尊敬和尊重进行一个对比。完全对等的人之间称之为互相尊敬。我们不是说尊敬对方做的某一件事，而是说尊敬对方这个人的存在。

而尊重，更像是由上至下的关系，是从自己地位更高、对方地位较低的角度去说尊重对方。此外，我们常说尊重你的这个行为（决定），而不是说尊重你这个人。

强调过无数次，基于阿德勒心理学的教育或者育儿方式，一定要以大人和孩子完全对等为绝对前提。老师和学生要完全对等，父母和子女要完全对等。哪怕是新生儿，或者是稍大一些的孩子，又或者是残障儿童，甚至问题少年，都要一视同仁地将其看作一个和大人对等的人。

阿德勒心理学认为，以对等为基础，那么这个人无论做什么事情、有怎样的想法、处于怎样的状态，我们都要将其视作一个平等的人去尊敬他。只有这样，才能谈得上教育、育儿。

尊敬自己孩子的母亲其实并不多见，还有很多父母嫌弃自己的孩子，可能有七八成的父母都有这样的想法。

孩子惹是生非，大体上可以分为两类。一类是孩子的事情父母事无巨细地一手操办，对孩子的过分溺爱导致孩子没有责任感；第二类就是父母厌恶自己的孩子。

大家普遍会认为，怎么可能有父母厌恶自己的孩子啊？但实际上，的确有父母厌恶自己的孩子，想着"要是没这个孩子，我的人生本可以很轻松的"。

孩子诞生在一个家庭，是一件很幸福的事情。能够短暂地共同生活，是一件很美好的事情。希望各位父母始终不要忘了这一点。只有这样，你才不会说出"要是没这个孩子……"这样的话。

这和自己的孩子在做什么、有没有好好学习、有没有交到朋友、有没有反抗父母等都无关。不管孩子做了什么，你们的命运都紧紧相连，单单只是一起生活，就已经足够幸福了，难道不是吗？

不管自己的孩子做了什么，父母都认为他是最棒的，这就是尊敬孩子的表现。如果有附加条件，只有在孩子做了正确的事的时候才尊敬孩子，那这只是表面上的尊敬，谈不上真正意义上的尊敬。"做了这种事儿，让人怎么尊敬你？"会说出这种话的父母，打从一开始就没有尊敬孩子。

曾经有一位一流公司的男职员，通过相亲认识了自己的妻子。当他到了三十五岁的时候，他厌倦了上班族的生活，想要辞掉工作，自己开一家拉面店。妻子对他非常失望，说："你要这样的话，我就回老家了。至今为止我都很尊敬你，没想到你是这样的人。"

但我们仔细想一想，这位妻子真的从一开始就尊敬她的丈夫吗？她尊敬的是一流公司。不管是在一流公司工作，还是自己开拉面店，这个男人就是这个男人，从未发生任何改变。妻子只不过是尊敬一流公司的职员，而不是她的丈夫。

真正的尊敬，与对方是做什么的无关。不管孩子去上学还是不去上学，我们都应该尊敬。如果只有当孩子去学校时才尊敬，不愿上学躲在家里时就不尊敬，那我们尊敬的就不是孩子本身，而是去上学这件事情。

孩子是无可替代也无法选择的存在。如果想要一个努力学习的孩子，就和别人家的孩子换一下就好了。如果想要一个更听父母话的孩子，而不是现在的孩子，就证明父母没有把孩子当作一个无可替代的人，而是一个不满意就可以退换的商品。如果父母有了这样的想法，孩子就会感受到自己被厌恶了，因为孩子的感情是非常敏感的。

✊ 理想中的孩子和现实中的孩子

有的母亲喜欢的不是现在陪在身边的孩子，而是自己脑海中理

想的孩子。

希望母亲们不要拿脑海中的孩子和现实中的孩子做比较，然后给自己现实里的孩子减分。母亲们脑海中的孩子，其实是很可怕的——不用提醒就能拼命学习、父母说的话全部听从、如果批评他了他会立马回答"是的，明白了，对不起"……这样的孩子，可能该去精神科看看了。

如果以理想中的孩子为基准，不断地给现实中的孩子减分，到最后孩子的分数绝对是负分。那个时候，父母对孩子说的话，也全部会是负面消极的话，比如"你动作快点！都说了不能这样做！你在干什么啊？你还真是没用……"，又或者"怎么没收拾？以后怎么办啊？将来嫁得出去吗？"等。对于这些言语，孩子会产生叛逆心理，但对于其中的一部分，孩子会真的认可并接纳。于是，孩子会认为自己真的是没用、太懒了、将来可能会嫁不出去……如此一来，孩子也会越来越讨厌自己。

找到说正面话语的方法

对孩子说一句负面的话，孩子的人生就会倒退一步，对孩子说一句正面的话，孩子的人生就会前进一步。希望每一位父母都能常常用正面的话语给予孩子能量。希望在孩子表现好的时候，父母也能对孩子说正面的话语。回想一下，作为父母的你是不是只有在孩子不听话的时候才去教育孩子呢？

经常有母亲说："我家孩子，一天到晚就知道做坏事。"事实上，不可能有人一整天全在做坏事，孩子所做的事情，基本上99%都是好事。

孩子明明表现很好，父母却不言不语，孩子会觉得自己被抛弃了。当孩子早晨起床，应该对孩子说："今天只叫了你三次就起床了，以前都要叫你五次的，今天表现很好呀！谢谢你。"当孩子去学校的时候，说："路上小心。今天也要开开心心的呀！替妈妈给老师带个好。"当孩子按时回家时，说："一放学就早早回家，让妈妈很安心呀。"当孩子很晚才回家，就应该说："能在外面玩得这么开心，妈妈也很开心呀。"如果孩子和自己一起吃饭，就可以说："你能和爸爸妈妈一起吃饭，爸爸妈妈很开心呀。"如果孩子不回家和自己一起吃饭，就可以说："今天省得做饭了，妈妈很开心。"……试着下定决心去从每一天的生活中寻找可以说得上"很开心呀""谢谢你呀"的素材，你会越来越擅长说正面的话语。

对自己的另一半也是，下班回来得早，可以说："今天这么早回家，真开心！"如果下班回来得晚，则可以说："多亏了你今天回来得晚，我才有时间把饭和家务做好。"如果对方出差回来带了礼物，可以说："哇，给我带礼物了，好开心啊！"如果没有带礼物，

则可以说："能够给家里节约钱，我很开心呀！"……

　　想方设法地跟对方说"我很开心呀""谢谢你呀"，就会渐渐明白什么是真正地尊敬一个人，也能够学会无论对方处于什么状态，都能够尊敬对方。

第二个 Z——责任（Zé rèn）

第二个 Z 是"责任"。责任一词，在日本的用法有些奇怪。比如说，某人在公司犯了错误，公司会让他承担责任。那么日本人是如何承担责任的呢？辞职。这就是承担责任的方式。但责任人虽然辞掉工作，对给公司造成的损失、给同事添的麻烦却带去不了任何补偿。真正的承担责任并非如此。

阿德勒心理学上使用"责任"一词时，有"有事情要做"的含义，即"在这里还有我未完成的事"。比如在公司犯了错误，那么此时比之前要做的事更多了，为了弥补这个错误、为了使恢复状态、为了想办法今后不犯同样的错误，又或者为了安抚因为这一错误感情受到伤害的人们的情绪等，我们必须要意识到此时有太多的事情要去考虑。

英文中责任一词是"responsibility"，它也有偿付能力的含义。面对问题不逃避，"好的！我就在这里，我会好好完成我该做的事情"，这样的应对才是真正的"responsibility"，才是责任。我们要教给孩子这一层面的责任。

现今的教育是"无责任教育"

我认为现在日本的育儿方式以及学校实施的教育归根结底都是无责任教育，似乎不断地在教育孩子无须承担责任。

某女子大学的英语老师在监考时发现了有学生舞弊。校规中明确写着，一旦发现一科舞弊，按留级处理，所有科目成绩作废。

据说在教职员工大会上，那位老师理所当然地说："这位同学在我的科目中作弊了，所以给予留级处分。"教职员工会议一下子骚乱起来，很多人说："那个孩子也太可怜了，一个科目作弊就留级，也太不讲人情了。"但是，如果校规中确实那样明文规定了，那留级不就是承担责任的表现吗？

好不容易制定的规则，如果完全不用遵守，那就跟没有规则一样。我认为，这就是无责任教育。

之前有个所谓的"问题少女"，刚上高中一年级，就开始随意在外留宿，或者特别晚回家。母亲最初设了八点的门禁，想要努力管教孩子。这样做不是只会让孩子和自己吵起来吗？因此，在想要解决孩子随意在外留宿这个问题之前，首先必须和孩子处理好关系。如果和孩子敌对起来，教育什么的根本无从谈起。我建议这位母亲，首先停止做一切可能成为和孩子争吵的导火索的事情，然后和孩子好好商量，再设定孩子能够接受的门禁时间。

母亲解释说，是因为晚上 11 点不睡觉的话，第二天就会很辛苦。据说他们家是早上 5 点起床，所以希望晚上 11 点前能够睡觉。因此，如果晚上 11 点以后才回家的话，会打扰家人休息。我想这是理所当然的，女儿也随声附和。

但有一天，女儿凌晨 2 点才回家，按响门铃。母亲一边忍住脾气，一边想着大冬天的晚上外面这么冷，就起床开门让女儿进来了。你们认为这种做法如何？并不可取。这就是典型的无责任教育。那么应该怎么说呢？比如"来了！你是谁呀？""是我。""你是谁呀？""我不是你女儿吗？""诶？好奇怪呀，我们家门禁时间是晚上 11 点，我们一家人都应该在 11 点以前回家了。我女儿不可能这时候还在外面。虽然不知道你是谁，但你不要想冒充我女儿混进我家，你请回吧！"义正词严地这样说，才能教会孩子为自己的行为承担责任。

承担责任的方法及让孩子承担责任的方法

我们应该遵守的规则，是规则制定者和履约者意见达成一致后决定下来的、大家都接受的规则。如果无法遵守这样的规则，就应该承担相应的责任。在这层含义上，我们并没有好好教育孩子该承担怎样的责任。

有一所高中禁止学生骑摩托车。有一个孩子骑摩托车来我这里的时候被老师发现了，受到了学校的停课处分。于是，我在和他母亲商量过后，对那所高中的校长说："这名学生骑摩托车在法律上是被允许的，请问贵校有什么法律依据，能够因为学生在校外骑摩托车就给学生停课的处分？"

学校管束学生在校外的行为，这件事原本就有些奇怪。在校内，无论学校有怎样的约束，我们都尽量遵守。但是，只要迈出校门一步，孩子的监护权就回到了父母身上。所以，如果是在得到父母允许的基础上骑摩托车，那么学校就没有任何理由能够给予处分。

另外还有一个学校，制定了一项暑假生活规则，要求学生不得在外留宿。有一个学生说想和朋友聚在一起过夜，两家之间也达成了意见的完全统一。但是，学校说这样不行。暑假期间，双方家庭都同意了的在外留宿，学校究竟有何权利说三道四呢？学校给出的解释是"就算如此，万一出了意外事故呢？"这学校还真是喜欢瞎管一些和他们完全没关系的事情。

哪怕是国家政府也不能这样做。如果是在美国犯罪，日本警察什么都不会做。但凡犯人在美国，日本警察就抓不了他，如果犯人在日本，才能够去抓捕他。因此，所谓法律和规定，都有其适用的范围，而学校，往往擅自扩大了这个范围。

让孩子体验事情的后果

想要让孩子学会承担责任，应该怎样做才好呢？最好是让孩子体会一下他自己的行为所带来的全部后果。这样，他一定能学会承担责任。

有一件发生在我女儿四岁时候的事，让我记忆犹新。当时院子的花丛上停了一些蜜蜂，女儿想去捉弄那些蜜蜂。她妈妈制止了好几次，跟她说："被蜜蜂蜇到会很疼的呀。"女儿本身很喜欢虫子，以前抓过各种各样的虫子，但蜜蜂还没有抓过。所以，她也从来没想过会被蜇到。趁母亲不在的时候，她决定去碰一碰蜜蜂。

我一直在旁边看着，心想，她吃一次苦头以后就不敢再碰了，反正被蜜蜂蜇一次又不会死。果不其然，结局就是女儿被蜜蜂蜇到，大哭了一场。这时候就轮到父亲英姿飒爽地登场了，我对女儿说："痛吗？我帮你处理一下。"这时候父亲扮演了一个很好的角色吧。这样做是更为明智的。为什么？因为对于女儿来说，蜜蜂是好不容易遇到的玩具，被父母万般阻挠当然不开心，在父母看不到的时候她肯定还是会去碰的。

糟糕，眼看孩子就要闯祸了，这时只在一旁看着而不出手相助，对于父母来说是相当需要勇气的。出手相助反而不需要任何勇气，轻而易举。但是，如果父母没有这份勇气，孩子就无法成为一个能

够独当一面的人。我们有必要稍稍给孩子打一些预防针，让孩子遭遇一些小小的危险，今后才能避免遭遇更大的危险。

现在的孩子，真是特别容易受伤。从高处跳下来，和同学打架没轻没重，然后造成重伤，这些都是因为孩子还没有习惯分寸而已。

有过从家里衣柜上扮演超人跳下来的经历的孩子，绝对不会从更高的地方跳下来。因为他知道，从什么高度跳下来，他会有什么程度的疼痛感。在家里总是被父母制止，一次都没有从高处跳下来过的孩子，在外面好不容易摆脱了父母的视线，从攀登架上跳下来，结果腿骨折了。这种程度倒还算好。曾经有一个孩子，从公寓的九层跳下来，好在得救了。大人们问他为什么要从那么高的地方跳下来？他说，因为他以为可以飞起来。那么，为什么他以为可以飞起来？因为大人一次都没让他从稍微高一点的地方向下跳过。从衣柜上往下跳过的孩子，绝对不会从公寓的九楼往下跳。因为他知道如果跳下去该会有多痛。

如果父母有胆量、有勇气让孩子经受一些小小的失败和受伤，孩子就会知道该为自己的行为承担责任。回到很早之前提到过的一个问题，父母绝对不要让孩子从未体验过失败。

日本式责任承担方式的错误所在

在与孩子交往时，我们应该对自己的行为负起全部责任。既不能替孩子承担他们应负的责任，也不能让孩子为我们的过失承担责任。

日本母亲最常做的一件事情，就是把责任推脱给丈夫，"都是因为孩子他爸不顾家，孩子才变成这样的"；日本老师最常做的一件事情，就是把责任推脱给孩子父母，"是因为这个孩子家庭教育不好，孩子才变成这样的"。总之，绝不承认自己也有责任。但凡有这种想法，都是不对的。不管是谁造成的、不管到底该责怪谁，我们要努力去做好眼下自己能做的事。

前阵子，有一位母亲因为小孩的教养问题来找我咨询，说孩子有一次擤完鼻涕把纸扔进垃圾桶时没扔进去，我该怎么教育他要把垃圾扔进垃圾桶呢？大家觉得该怎么办呢？我是这样回答的："为什么你不帮他捡起来扔进去呢？你就说一声'垃圾不应该扔在垃圾桶外面'，然后捡起来扔进去不就好了？是谁扔的又有什么关系呢？"看到母亲这样做，孩子不仅能学会把自己的垃圾扔进垃圾桶，还会明白，无论是谁扔的垃圾，我们都应捡起来扔进垃圾桶。这样的思想教育难道不是更为重要吗？

还有一件发生在小学里的事情。孩子们在食堂用完午餐后，有

一个桌子上的餐盘没有人收拾，老师问道："这个餐具到底是谁没收拾？"当时正好有两个孩子在场，于是他们回答："不知道。"然后老师生气地说道："什么不知道！这是全班同学的责任！你们俩把餐盘收拾好给后厨阿姨送过去！"这两个孩子只能一边嘀咕抱怨着一边把餐盘送了过去。后来，我有机会见到这两个孩子，他们给我说了这个事情。他们说，因为是老师问起"这是谁没收拾"，他们才回答"不知道"，结果被老师骂了一顿。

"虽然不知道这个餐盘是哪位同学没有收拾，但是能请你们帮忙送到后厨阿姨那儿去吗？"如果老师是这样说的，结果会怎么样呢？两个孩子说："如果老师是这样说的，我们就不会抱怨了呀。"

"这到底是谁做的？"在此时已经不那么重要了，现在的问题是"谁来收拾这个残局"。所谓承担责任，并不是找到责任人，而是尽力做好眼下自己能做到的事情。

不要总想着"是你不好，可怜的是我"，而是开始问自己："现在，我能够做点什么？"如果孩子不去上学，不要再想着是别人不好、学校的问题、孩子他爸不管等，不要和孩子一起成为共同受害者，而是开始去思考，在这个问题里面，自己究竟还能做点什么。总能想到好的办法。这才是所谓的承担责任。

把承担责任看作是"我所能做的事情"，这是成年人必须做到的。如果只是理解了，但不行动，孩子也只会理解，但不行动。

第一个 S——社交（Shè jiāo）

第三点，也是第一个 S，指的是"社交"。

通常，我们说到社交，会认为是与其他人进行良好的社会交往。但生而为人，我认为我们不可能做到和谁都相处得很好。因为有所谓的性相（性格适配度），有所谓的"萝卜白菜各有所爱"，和所有人都相处得很好，可以说是个不可能实现的目标。虽然有些遗憾，但事实确是如此。

阿德勒心理学中所指的社交，并不是指这层含义，或者说，不是指能否很好地与人打招呼、与人交谈或者是否擅长说些场面话等这样一些表面上的说话技巧。而是指是否能够以不伤害他人的技巧，使他人答应自己的要求。

我们理所当然地会有各种各样的要求，而这些要求有时会和他人的利益相矛盾。所以我们要一边调整我们的要求，一边在社会中生存下去。调整要求的时候，当然也没有必要妥协、退让，重要的是如何充分说明我们的要求、让对方理解我们的要求，以获得对方的妥协。

我们必须实现这样的自我表达，但记住在这过程中，不可伤害他人。我们有表达自我主张和要求的权利，享受权利的同时也伴随着几项责任。一个是承认他人也有表达自我主张的权利，另一个是不能因为想让对方答应自己的要求而伤害对方。

✊ "和谁都关系好"是无意义的

前些日子有一位中学老师来找我咨询，说学校要带学生们去山野开展一天一夜的研修，希望把孩子分成五六人一组让他们行动。然后分组是由抽签确定的，糟糕的是，关系不好的两个孩子分到一组了，老师说："我担心得不得了，这该怎么办呀？"于是，我问她："那为什么要抽签决定呢？"老师回答："因为希望大家都关系好。"我问："你们学校是教人开酒吧的吗？"

和谁都处理好关系，估计只有做酒水买卖的人能够做到了。人际关系中有一条二·七·一法则，是说如果你面前有十个人，那么其中有两个人你是无条件喜欢的，他们做什么你都喜欢，其中还有一个人你是无条件讨厌的，他做什么你都讨厌。剩下的七个人就是看时间、看场合具体情况具体分析。

如果班上有十名同学，那么总有一个人会和自己性格不合，有20%的人和自己性格合得来，剩下70%就看当天的心情。从对方的角度来看也是如此，十个人里面一定有两个人喜欢你，还有一个恨不得杀了你，如果没有警察的话。剩下的七个，如果你对他们热情，他们就会喜欢你，如果你对他们冷漠，他们就会讨厌你。

这种事情，无论你去哪里、做怎样的努力、过着怎样的生活，结果都会是如此。不只是我，几乎所有人都是这样。所以，我们没有办法让所有人都喜欢自己，也没有办法让自己喜欢上所有人。和所有人都关系好，让每一个人都喜欢自己，本就是不可能达成的目标。

追求这样的目标一定会让人陷入不幸。这和一个人想飞、成年后还想再长高五厘米一样，付出再多的努力，除了让人更痛苦，其他什么也改变不了。

这里说的社交，不是让你和所有人交好，而是让你和你想交好的人交好。因此，社交能力强的人，以刚刚分小组的例子来说，就是能够说出我想和这个人一组、不想和那个人一组的孩子。这样就很好。

不要期待心灵感应

前面说的分组事例中，老师之所以会提前分好组，是因为如果让孩子自己选择的话，有的孩子会说不出来自己想和谁在一组、能和谁在一组，这样的孩子太可怜了。

但如果考虑到这些无法开口说出自己意愿的孩子，就帮他们把

组都分好的话，他们这辈子都无法开口。这些不开口的孩子，就让他们尝点苦头好了。然后他们就会发现："糟了，我刚刚应该说的"，于是下定决心"下次我一定要说出来"。如果大人总替他们考虑，他们就会一辈子不表达，因为哪怕自己不说，老师和父母也能明白自己想要怎样，然后帮自己安排好。

孩子会把这一切当作理所应当，这是最糟糕的性格了。觉得别人应该看得出自己希望他做什么、不希望他做什么，这样的人活得最累了。因为人与人之间是没有心灵感应的，你不说，别人怎么会知道呢？但有的孩子就认为，你应该跟我说。为什么他们这样认为？因为他们身边的大人也这样做。

所谓社交，关键就是人际关系处理的技巧。而人际关系处理的技巧，关键就在于话语的使用。

我们常用的话语大致可以分为两类。一类是像"今天天气真好呀"这样的，另一类是"你借我一点钱吧"这样的。

它们有什么不同？"今天天气真好呀"没有向对方提任何要求，单纯只是交换信息。而"你借我一点钱吧"，是在向对方提要求。像"今天天气真好呀""广岛（棒球）队最近状态真好呀"这样的话，不需要进行特别的训练，谁都能说得好。问题出现在另一种话语上，比如"你借我一点钱吧""不行"等提出要求或拒绝他人要求时的话语，这种情况难得多。

第二个S——生活力（Shēng huó lì）

第四点，即第二个S，是"生活力"，这个词可能有些抽象。

所谓生活力，指的是生存能力以及生活能力。这在学校教育中，相当于学科教育的部分。刚刚前面所讲的两Z一S基本上相当于学校教育中的道德教育和思想品德教育，而最后的生活力，大家可以理解为学校的学科教育，比如母语的读写能力。这是一个人立足社会并生存下去必须具备的能力。能够进行初级的计算、具有自然相关的知识、具备社会准则相关的几条常识等，都是为了生存下去而不可或缺的。

而学科教育，不再单单是为了激发孩子对知识的兴趣、好奇和渴望，希望大人们能够从孩子的"生活力"方面，再度审视这些科目。特别是在小学教育中，学科教育到底对孩子的实际生活起到了怎样的帮助，希望老师们能够从这个角度去思考，然后设计自己的课程。这是阿德勒教育法中最根本的理念之一。在这层含义上，我们使用了"生活力"一词，而不是"学科教育"。

无论发生什么都能生存下去的能力

更直白地说，生存力就是无论陷入怎样的困境也能生存下去的能力。不胆小惧怕，也不对未来抱有不安，不管发生什么情况，都能想办法解决，具备一些总是能够让事情得以解决的能力。

比如女性实现社会性的独立，即使不依靠丈夫也能有资金收入，而男性则是即使不依靠妻子也能管理好自己的衣食住行。这是日本社会的一大课题（日本社会目前仍以男主外女主内思想为主流，婚后男性在外工作，女性作为全职主妇从丈夫那里领取生活费）。

如果家里有儿子，母亲请务必教会他做饭。会做饭的男人很厉害的，即使和妻子吵架也不会输。"你要是这么不满意你就出去吧，反正我自己洗衣做饭一点问题都没有。"有自信说出这样的话，怎么可能会输呢？如果孩子再补上一句："是呀！爸爸做的饭更好吃一些。"只有这样，才能实现家庭内部的男女平等。

现在，日本家庭内部的男女不平等，绝对是妻子一方更强。丈夫没了妻子连饭都吃不上。这样的男人只能在精神上生存下去，有多少男人想过要是没有妻子自己该多幸福啊，但真的离开了妻子吃不上饭，他们又十分苦恼。

男性的自立与女性的自立

同样，女性最好也实现社会独立。我曾经对不去上学的孩子的母亲说："孩子不去上学，多好呀。"母亲瞠目结舌。我继续解释道："十几岁的孩子不去上学了，对于你来说不是更方便了吗？把孩子留在家里看家，你既可以去上班，也可以去旅游，他还可以照顾弟弟妹妹，这不是再好不过了吗？"母亲立马说："哎呀，不行的呀。我不在的话，那孩子什么都不行。"其实不是这样的，正是因为你一直都在，孩子他才不行。只要你不在，孩子是会自己做很多事情的。

不知道为什么，母亲总是不想离开家。去一次三天两晚的旅行吧，抛下丈夫、孩子，好不容易有不去上学的孩子，就跟他说："妈妈出一趟远门，你好好照顾爸爸和弟弟妹妹哟。"

但母亲通常会说，要是我这样做的话，家里会乱得一团糟。我觉得这只是母亲的臆想，如果因为母亲不在，家里就垃圾成堆、乌烟瘴气，大家都吃不上饭，那这位母亲其实很幸福：果然这个家里必须要我在呀！

如果三天后回来，家里光洁如新，孩子们和丈夫都很幸福，母亲就会觉得，我在这个家里到底有什么价值？大家想一想，这两种情况哪一种更有可能发生？

幸运和幸福的区别

上述的"两 Z 两 S"不仅仅在教育孩子时发挥着重要作用，它们也是每一个人变得幸福的关键。

有一次我做小组诊疗，出了这样一道题："如果未来的某一天，你过得很幸福。请写下幸福的那一天的日记。如果是你的话，你会写出怎样的事情呢？把你印象中的幸福的一天描绘出来。"于是，有人写道："我中了几亿日元的彩票，去领奖的时候发现比想象中的还要沉，把现金装进包里，一边觉得好重啊一边走回家。到家以后，觉得只是盯着钱看很无聊，就想把钱贴墙上。因为家里住的公寓空余的墙面没多少，很快就没地方可以贴了。于是想着去哪里吃点好吃的，就去了最高级的法国料理店，吃了最好的料理。"

很遗憾，这描写的并不是幸福，而是幸运。用英文来说，这不是"happy（幸福）"，而是"lucky（幸运）"。那么"幸福"和"幸运"到底有什么区别呢？"幸运"是依靠外力，不是自己努力赢得的，而是偶然从天而降的。或许会有这样的好事发生，但如果你把它当作幸福的话，一旦它没有从天而降，你就会觉得不幸福。所以，我们最好还是不要做这样的"幸福梦"。

有的人是这样写的："今天天气很好，家人们身体也很好，孩子们都茁壮成长了，公司业绩也不错。正好最近请了一个长假，计划着要去夏威夷旅游。"这是否称得上幸福，我先打个问号。如果像下面这样写，那一定是幸福："今天起床天气不太好，头也有点疼，虽然有点难受，但想着总能熬过去就出门上班了，没想到，过了二三十分钟，头慢慢地不疼了。最后，结束了一天的工作，回到家里，十分畅快。"

身体完全健康、家人完全幸福、生活完全安稳……这种状态跟死了没什么两样，因为所有的事情你都已经完成了、可以停下了，这就意味着结束。已经没有可以做的了，我认为这就是死亡的状态。所谓生活，就是会有各种各样的变化，明天会和今天不同，后天也会和明天不同，这种状态才是幸福。

安稳的生活真的是幸福的吗？

有一次我和一位来自新西兰的英语老师交谈，她说："为什么日本的孩子都这么焦虑呀？为什么日本孩子的父母也这么焦虑呀？让自己的孩子那么拼命地学习，我真的完全不能理解。更加轻松一些生活不好吗？人反正怎么样都能活下去的。"

其实日本孩子和家长这样焦虑是有原因的，日本人认为幸福就是安稳，如果余生都可以很安稳，那就是幸福，所以每个人都拼了

命地想要得到安全保障。

新西兰老师说这种想法太愚蠢了："那这和羊的生活有什么不一样吗？羊也没有烦恼，被圈在栅栏里可以安稳地过一生。但人不能这样生活呀。"其实，这位女老师曾游历过印度，三十七八岁的时候来到了日本，经历了很多。她说："安稳的人生最糟糕了。"这一点我也赞同。

比如，让孩子在高中保持好成绩，然后就可以上大学，接着进入一家好企业，二十四五岁的时候开始相亲，最早见的几个一定不行，二十七八岁的时候结婚，三十岁的时候要个孩子，拼命工作，三十五岁的时候当上小组组长，三十九岁的时候当上科长，四十二岁的时候终于贷款买了自己的房子，为了能当上公司高管而拼命努力，结果到最后也没当上，紧接着孩子就上了高中，多多少少有些不听话，对孩子感到失望，头发也渐渐白了，不知不觉到了退休的时候，六十二岁的时候牙齿快掉光了，七十二岁的时候开始老年痴呆，最后七十四岁的时候去世……如果一个人的一辈子从高中时代开始全部能够预测到，那这样的人生该有多么不幸？难道不觉得无聊吗？父母想要给予孩子的，就是这样无聊的人生吗？

试着去问一问高中生，你觉得你接下来的一生，会经历怎样的事情？他们都知道，大概就是这样了。我认为这是非常不幸的人生，从高中时期开始就能预见未来的全部人生，那接下来的人生就如同一潭死水一样。

前阵子有人跟我说："野田先生您总是这么乐观。我就很难做到，因为前途一片茫然呀。"正如这人所说，正是因为前途莫测，才有前行的价值。如果前路一直都可以看见，路途就会变得无聊。所谓前途莫测，是因为只有现在这一刻有光。但"现在这一刻"是会不断到来的。等到了明天，又会有新的"现在这一刻"，到了后天，还会有"现在这一刻"，所以，前途莫测什么的我们根本不用去想。

如果能好好把握住现在这一刻以及下一个瞬间，那未来的日子我们同样能好好把握。重要的是，我们时时刻刻都有一颗珍惜生活、把握生活的心，要努力地去生活。如果能够做到这样，无论发生什么都不会焦虑、害怕。

培养坚韧不拔的品质

我有一个经营体育用品店的朋友，特别富有，但并不是卖体育用品很挣钱，而是他还开了一家洗浴中心。中学的时候，他就是大人们眼中的不良少年，读完初中没去找工作，加上家里条件不太好，也没送他去念高中，就这样整天游手好闲，有一天他突然觉得这辈子不能这样愚蠢地荒废下去了。

曾经有个孩子整天就知道玩滑板，母亲特别担心孩子玩物丧志。我总是这样跟这位母亲说："你觉得他这辈子会一直玩滑板吗？"等孩子到了四十岁、五十岁、六十岁他还会玩吗？如果真的能痴迷滑板一辈子，那真的很了不起，一定会成为滑板界的大人物。但如果只是痴迷一两年，不会痴迷一辈子，那你就让他痴迷去好了。

孩子都是这样，到了一定的年纪，就会意识到不能继续做蠢事了，于是开始找其他的正经事来做。但如果父母、老师总是不断地在耳旁念叨："你不要做了！不许做了！"反倒会让孩子觉得，如果我真的不做了，就是向父母和老师认输了。于是，孩子变得叛逆、变得不听话，反倒让孩子做这件事的时间拖得更长。就放任孩子不去管他，等他到了十七八岁的时候，自然而然就不会再做了。

我那个朋友就是这样，他觉醒后不再游手好闲，开始在一家体育用品店打工。在他打工时，他注意到一件事情，前一年的滑雪用具店里不会再拿出来卖了，因为滑雪用具每年都会推陈出新，为了销售当年的新品，店铺会把旧款式都扔掉。他着眼于这一点，开始收购那些全新的，但款式是旧款的滑雪用具，然后开了一家店低价销售它们。他靠这个挣了不少，二十多岁的时候就已经开了好几家分店了，但他还是觉得仅凭这些收入远远不够，于是三十岁刚出头的时候，开了自己的游戏机厅、洗浴中心。

　　他有一次跟我说："野田啊，你还蛮可怜的。像你这样大学出来的，特别还是学医的，肯定当不了洗浴中心的老板吧。还好我初中毕业就出来打拼了，只要我不违法，可以干任何事情。"

　　可能有人会说，那店生意不好倒闭了呢？倒闭了他也不会饿死，他又会找其他的事情做。就算全部的店都倒闭，变得身无分文，他也不怕，因为他本身就是白手起家的，重新东山再起就行了。我认为这才是正确的人生态度。我们要培养孩子这种无畏从头再来的坚韧品格。

我的恩师—野田俊作先生

野田俊作先生是对我的人生起着决定性作用的恩师。刚过二十岁的时候，我意识到自己对身体医学不是很感兴趣，作为医学院大三学生的我失去了目标。朋友带我第一次来到野田老师公益咨询活动时的场景，让我至今记忆犹新。我看到过来咨询的年轻人垂头丧气的样子，头埋得快看不到了，但在野田老师一句一句的话语中，或者说是在充斥着野田老师话语的空气中，眼看着年轻人仿佛重新活过来一样，脸上又恢复了血色。我想，那次应该也影响了我的命运。

野田老师坚毅的态度、明确的逻辑性，宛如一把利刃，把对方的妄想和执念一层一层剥落，那种魄力简直能让旁观者为之战栗。但同时，野田老师公益咨询的氛围中，又充斥着某种与知性完全相反的、微妙的感性。理论作为硬核，本身蕴藏着攻击性，但在肉眼不可见的老师背后，总是存在着一种感性的光环，这种光环只能用沉着稳重来形容吧。

这份光环的来源，用阿德勒心理学的用语来说，可能是源自建立"横向关系"时的每一个刹那。以我的理解，所谓横向关系不是固定不变的关系，它有时是某人释放出来的意志，有时是对于他人的关心，它存在于一个又一个的瞬间行为里。然后在这个行为的深处，又蕴含着某种不可见的共同体的感觉。总之，从那之后的十余年里，每周五晚我都会去拜访野田老师。

对于我们这些弟子的质疑，老师总是能逐一、仔细、认真地解答。其内容不只是心理学，还包含了历史、政治、宗教、哲学等相当丰富的知识，提问者通常能够收获比预想中更多的东西。

然而，我最期待的还是每次临床学习过后去居酒屋的聚餐。不分前辈后辈，大家围坐在老师身边，交杯换盏、畅所欲言，那真是快乐又富有意义的时光。现在，我上完课或开完讲座，如果时间允许，我也会组织一些茶话会和聚餐（因为我不喝酒，主要是学生们喝），这样的经验也极为重要。学生不只是从老师那里汲取知识和技巧，师生要共享在一起的时光。学生能够从中感受到老师对这份事业的热情和干劲。虽然我从老师那里学到的，不过是大海中的一滴水，但却是极为精准的心理学理论和实践。更重要的，是我知道了"何为与他人共存"这一人类生存命题。

阿德勒心理学作为一门坚实的理论体系，同时也是一门告诉我们如何活在当下、如何与他人共生的时间心理学。哪怕这一瞬间我们做出了正确的抉择，下一个瞬间却又走上歪路，但生命就是这样一个实践的场所。这就是我理解的阿德勒心理学。

名越康文（精神科医生）